IMP. DE J. DELFOSSE.

AGATHON DE POTTER.

ÉCONOMIE SOCIALE.

Je voudrais bien savoir ce que penseront les générations de l'avenir, en voyant ce qu'il aura fallu faire d'escrime avec la génération présente sur des questions pareilles!! Elle qui se rit des siècles passés...

V. CONSIDÉRANT.

—

TOME SECOND.

———◦◦◦———

BRUXELLES,
CHEZ LES PRINCIPAUX LIBRAIRES.
—
1874
—

ÉCONOMIE SOCIALE.

Je voudrais bien savoir ce que penseront les
générations de l'avenir, en voyant ce qu'il
aura fallu faire d'escrime avec la génération
présente sur des questions pareilles ! Elle qui
se rit des siècles passés...

V. Cousidérant.

TOME SECOND.

BRUXELLES,

CHEZ LES PRINCIPAUX LIBRAIRES.

1874

ÉCONOMIE SOCIALE.

ÉCONOMIE SOCIALE.

CHAPITRE XIII.

LA CONCURRENCE.

§ I. — *Qu'est-ce que la concurrence?*

La concurrence, c'est la tendance de plusieurs à un même but, c'est la prétention de plusieurs à une même chose.

Cette chose ou ce but, quand il s'agit d'économie sociale et que l'on prend le mot de concurrence dans son sens propre, n'est autre que le bien-être des concurrents, seule fin, à dire vrai, que puisse rechercher celui qui possède la perception de l'existence.

La concurrence est la caractéristique de la liberté. Aussi est-il complétement illogique de parler de supprimer la concurrence, pour éviter les maux qu'elle entraîne à sa suite; autant vaudrait essayer de supprimer l'homme.

Mais il peut être utile de rechercher s'il n'y a pas plusieurs espèces de concurrence, et s'il ne serait pas avantageux, nécessaire même, de remplacer la concurrence actuelle, qui a des conséquences antisociales, par une autre qui aurait pour résultat le bonheur de l'humanité.

C'est ce que je me propose de faire dans ce qui va suivre.

§ II. — *Les diverses espèces de concurrence.*

Distinguons dès l'abord deux sortes de concurrence bien tranchées, la *vraie* et la *fausse,* et donnons-en les caractères.

La concurrence est réelle, ou vraie, lorsque les concurrents se trouvent placés dans des conditions socialement égales. Dans tous les autres cas, elle est fausse ou illusoire.

Et je prie de remarquer l'épithète *socialement.* Il ne faut pas, en effet, que l'égalité des conditions du concours consiste dans l'égalité de richesse, d'intelligence et d'activité des concurrents. Disons même que cette égalité est absurde. Il suffit que les concurrents soient mis, par le fait de l'organisation sociale, dans des positions initiales identiques.

Lorsqu'ils sont socialement placés dans des conditions différentes, la concurrence est dite illusoire; elle n'existe, en effet, qu'en apparence.

En réalité, ceux qui se trouvent dans les positions avantagées écrasent leurs concurrents.

Sous le rapport de la moralité des moyens employés par les concurrents, on doit encore distinguer la concurrence *déloyale*, par la force ou par la ruse, de la concurrence *loyale* ou par la raison. Dans la première, on essaye de se surpasser en mettant en œuvre tous les moyens imaginables de se nuire. Dans la concurrence par la raison, chacun n'use que des procédés dont il voudrait voir les autres se servir à son égard.

Enfin, sous le rapport du critérium servant à déterminer le mérite des concurrents, on reconnaît la concurrence *selon la force*, ou *selon la justice*, suivant que c'est le plus fort qui l'emporte, où le plus travailleur.

Ces deux classifications reviennent, au fond, au même. Seulement, dans la première, il s'agit de moralité, et dans la seconde, de richesse.

La concurrence peut avoir lieu, soit entre les particuliers, soit entre ceux-ci d'une part, et la société de l'autre, soit enfin entre deux sociétés. J'exposerai successivement ces trois cas.

§ III. — *Conditions d'existence des diverses espèces de concurrence.*

Pour que la concurrence soit réelle, il faut que les concurrents se trouvent dans des positions socialement égales, ou que leurs points de départ soient socialement égaux; je viens de le dire. Mais en quoi consiste l'égalité sociale des positions ou des points de départ? Voilà ce qu'il reste à déterminer.

Impossible de concourir sans produire, sans travailler. Or, pour pouvoir travailler, il est indispensable d'avoir, d'abord de la matière à transformer; ensuite des connaissances suffisantes pour tirer parti de cette matière.

Telles sont les deux conditions sans lesquelles tout concours est absurde.

Maintenant, si l'on veut établir l'égalité sociale des conditions entre les concurrents, il faut, de toute nécessité, que la société se charge:

1º De mettre de la matière à la disposition de tout travailleur qui en demande;

2º De développer, au *maximum* possible, l'intelligence de tous les enfants.

Si on se rappelle ce qui a été démontré déjà à plusieurs reprises, entre autres dans le chapitre V, on reconnaîtra que ces deux conditions sont précisément celles de la liberté du travail. D'où il est permis de conclure que la concurrence réelle existe seulement quand le travail est libre, et entre travailleurs libres. De là le nom de *libre* concurrence donné à la concurrence véritable.

En dehors des conditions stipulées ci-dessus, la concurrence n'est qu'apparente.

Sous la souveraineté de la force, par exemple, le sol, source passive de toute richesse, est approprié individuellement, tandis que les connaissances sont le monopole de la richesse.

Il en résulte la division des membres de chaque société en deux classes, les maîtres et les esclaves, ou les forts et les faibles.

Or peut-il y avoir libre concurrence, concurrence véritable, entre un esclave et son maître, entre un serf et un noble, entre un prolétaire et un bourgeois? Existe-t-il une concurrence réelle entre celui qui ne sait pas lire, parce que ses parents n'avaient pas les moyens de le faire instruire, et tel autre à qui sa famille a pu faire donner les développements intellectuels les plus complets? Y a-t-il une véritable concurrence entre deux hommes dont le premier, ne possédant rien, n'héritera de rien, et dont le second, déjà riche, recevra en partage de quoi nourrir cent familles?

Non, sans doute.

Au contraire, avec la souveraineté de la raison, le sol est commun, ainsi qu'une grande partie des capitaux; les connaissances sont données socialement à tous, pendant leur minorité d'âge; tous ont eu une part égale dans les soins avec lesquels la société pourvoit à leur instruction; tous, enfin, peuvent obtenir de la matière pour la modifier.

Aussi n'y aura-t-il plus alors de maîtres ni d'esclaves, plus de faibles par le fait de la société : le travail sera libre, la concurrence également.

Quelques mots suffiront pour établir les

conditions des autres espèces de concurrence, signalées au § 1 de ce chapitre.

La concurrence ne peut être loyale, évidemment, que si les concurrents croyent, ou savent, qu'il est de leur intérêt ultra-vital de ne pas nuire à leurs semblables. Du moment qu'ils mettent seulement en doute l'avantage qui résulterait pour eux de cette manière de faire, l'intérêt actuel, immédiat, terrestre enfin, l'emporte aussitôt, et la concurrence déloyale devient immédiatement universelle.

Il est aisé de comprendre, par là, que la concurrence déloyale ne se voit pas sous la souveraineté de la raison. C'est exclusivement sous celle de la force et surtout pendant le règne du bourgeoisisme, à cause de la chute des préjugés religieux, que la concurrence déloyale est florissante.

Tant que dure l'ignorance sociale, la société doit nécessairement rester soumise à la souveraineté de la force; et, nécessairement aussi, il n'y a de possible que la concurrence selon la force, dans laquelle les plus forts, par la richesse matérielle ou intellectuelle, écrasent les autres.

Sous la souveraineté de la raison, au contraire, les riches n'écrasent plus les pauvres; d'abord parce qu'il n'y a pas de pauvres, ensuite parce que les richesses vont aux travailleurs, non en proportion de ce qu'ils possèdent déjà, mais bien de leur activité. A cette époque sociale, la concurrence est donc selon la raison.

La concurrence entre les sociétés n'est possible que sous la souveraineté de l'ignorance. C'est par la connaissance sociale de la raison, en effet, que les différentes nationalités disparaissent, en se fondant en une société unique, puisque tous sont soumis à la même souveraineté. Lorsqu'on ne reconnaît pas la raison comme souveraine, l'humanité se divise nécessairement en une infinité de fractions, assujetties à autant de souverainetés de la force, toutes différentes, et constituant ainsi autant de nationalités. C'est seulement à cette condition, on le comprend, qu'il peut y avoir concurrence entre les nations.

Mais il en faut une seconde, également importante. Pour être à même de concourir, les nations doivent se trouver en rapport, en contact autrement dit. Sans cela, elles seraient, relativement les unes aux autres, absolument comme si elles n'existaient pas. Mais ce contact ne commence réellement à s'établir que lorsque l'esprit d'examen a déjà entamé les révélations, ou le sophisme qui sert de masque à la souveraineté de la force.

Ainsi la concurrence entre les nations n'existe réellement qu'en époque d'ignorance, lorsque l'incompressibilité de l'examen a déjà sapé les préjugés religieux.

§ IV. — *La concurrence entre les particuliers.*

Débutons par la souveraineté de la force.

Dans les sociétés qui lui sont soumises, on remarque deux classes principales d'hommes, les maîtres et les esclaves ou prolétaires. La concurrence que se font les membres de ces deux classes n'est qu'illusoire. Il n'y a, à dire vrai, aucune espèce d'égalité sociale dans la position initiale des concurrents. Ils ne partent pas du même point; et, par conséquent, le plus ou moins de chemin qu'ils parcourent ne peut faire apprécier, avec justice, le mérite de chacun.

Aussi voit-on régner exclusivement entre eux la concurrence selon la force : c'est non le travailleur le plus actif qui l'emporte, mais le plus riche.

Quel est en effet dans nos sociétés, encore soumises à la force, celui des deux qui accumulera le plus de richesse : de l'homme qui travaille avec excès, mais qui ne possède absolument rien, ou de celui qui, déjà riche, ne travaille qu'à ses heures? Ignore-t-on que, lorsqu'il s'agit d'acquérir du bien, moins on en a, plus la chose est difficile?

Je le répète: il est ici question de concurrence selon la force, non selon la justice. Cette dernière concurrence a lieu seulement lorsque le travail ou le mérite personnel est récompensé. La fortune n'est pas un mérite; elle est la récompense du mérite, quand elle n'est pas le résultat d'un privilége.

Mais, outre que la concurrence entre tous est telle, que c'est non le plus méritant, mais le plus fort qui l'emporte, elle est déloyale, chacun se servant, pour dépasser les autres, des moyens qui peuvent nuire davantage. Et, de cette façon encore, elle n'est pas réelle. Comprendrait-on qu'une véritable concurrence fût possible entre un honnête homme et un fripon? Le premier est infailliblement ruiné.

En somme, c'est le plus fort et le plus immoral qui l'emporte sur ses concurrents, sous la souveraineté de la force.

Après avoir examiné la concurrence entre tous, considérons-la entre les membres de chacune des classes qui divisent les sociétés ignorantes.

Mais, d'abord, rappelons la part prise, dans la production, par le travailleur et le propriétaire.

Quand le sol n'est pas approprié collectivement, il existe des travailleurs sans propriété.

Celui qui n'a rien, ne peut travailler que si un possesseur individuel de matière lui en prête.

Mais en même temps, les travailleurs prolétaires sont obligés d'aller offrir leurs services aux propriétaires, pour ne pas mourir de faim.

Le capitaliste peut, à la rigueur, se passer du travailleur, mais celui-ci est absolument incapable de vivre sans l'aide de celui-là.

C'est pourquoi, — comme je l'ai déjà fait voir

souvent, — le salaire est, à cette époque sociale, toujours au *minimum* des circonstances, et le profit, ou le loyer de la matière, toujours au *maximum* des mêmes circonstances.

Déterminons maintenant quelles sont, parmi les particularités qui peuvent influer sur le taux des profits et salaires, celles qui se rapportent spécialement au sujet dont il est question.

Pour les travailleurs : leur plus ou moins grand nombre, d'où résulte le plus ou moins de concurrence qu'ils se font. Du moment qu'il en existe en sus des besoins des capitalistes, le salaire doit, par l'effet de cette concurrence, descendre, et descend effectivement au-dessous de ce qui est strictement indispensable à la vie.

Pour les propriétaires : leur nombre plus ou moins grand, leur besoin plus ou moins urgent de travail, et, de plus, la quantité plus ou moins considérable de capitaux qu'ils se sont appropriés. Il est clair que plus il y a de capitalistes désirant utiliser leurs richesses, et moins l'intérêt sera élevé.

Sous la souveraineté de la raison, le sol est approprié au profit de tous. Il n'y a donc plus de travailleurs sans propriété : chacun étant propriétaire, au moins de sa part dans le sol et les capitaux collectifs.

Aussi tout travailleur est-il en état de se passer du secours d'un capitaliste individuel pour pouvoir exercer son activité, pour pouvoir vivre.

Le salaire sera donc, à cette époque, toujours

au *maximum* des circonstances, et le profit, au *minimum*.

Alors il y aura encore concurrence, d'une part entre les capitalistes, pour prêter leurs richesses, de l'autre, entre les travailleurs; mais cette concurrence n'aura plus pour résultat la misère et la mort du plus grand nombre.

Durant cette même époque, la concurrence entre tous les membres de la société ne sera plus illusoire. Ils auront tous été socialement élevés et instruits avec les mêmes soins; ils seront tous copropriétaires de la planète qu'ils habitent, et d'une grande partie des capitaux; ils auront tous reçu, à leur majorité, la même dot sociale : ils partiront donc tous du même point. Et le plus ou moins de richesses qu'ils acquerront représentera, et récompensera en même temps, au point de vue monétaire, le mérite de chacun.

C'est là le caractère de la concurrence réelle, de la libre concurrence.

De plus, tous ayant acquis, toujours par les soins de la société, la preuve rationnellement incontestable que l'honnête homme n'est pas un sot, et que se dévouer à ses frères n'est pas une duperie, la concurrence deviendra loyale : chacun n'employant, pour dépasser ses rivaux, aucun moyen interdit par la règle des actions.

En résumé, ce sera, sous la souveraineté de la raison, le plus actif et le plus moral qui l'emportera sur ses concurrents.

§ V. — *Quand doit-il y avoir concurrence illusoire?*
Quand doit-elle faire place à la libre concurrence?

Lorsque les sociétés sont basées sur une révélation prétendue divine, sur un sophisme par conséquent, il faut qu'elles empêchent à tout prix l'examen de ce sophisme, si elles voulent continuer à vivre. A tout prix signifie, ici : même aux dépens de l'immense majorité des membres de l'association.

Or, la fausse concurrence a pour effet immanquable d'empêcher la multitude d'examiner; car alors quelques-uns ont tout, et la multitude est composée d'individus ne gagnant que le strict nécessaire pour vivre, n'ayant pas de loisir, se trouvant par conséquent dans l'impossibilité d'exercer leur intelligence.

Plus tard, quand, malgré ce moyen, la presse a permis à l'examen de se développer et de renverser le sophisme religieux, la concurrence illusoire est devenue évidemment incapable de concourir à la conservation de l'ordre. Bien plus, elle ne tarde pas à se changer en cause d'anarchie, ses victimes commençant à s'apercevoir du rôle de dupes que leur fait jouer l'organisation sociale.

C'est à ce moment qu'il devient absolument nécessaire de fonder la concurrence véritable.

§ VI. — *La concurrence sociale aux particuliers. —*
Quand et comment doit-elle avoir lieu ?

Pour pouvoir plus aisément résoudre ce problème, posons préalablement quelques jalons destinés à servir de guide dans la discussion.

Sous la souveraineté de la force, la société est composée, à vrai dire, exclusivement des forts. Les faibles, esclaves domestiques ou prolétaires, sont considérés comme des choses (1). Sous la souveraineté de la raison, la société comprendra tous les hommes.

La société n'a qu'un devoir, faire tout ce qui est nécessaire pour se conserver, pour maintenir l'ordre. Sous la souveraineté de la force, elle n'y arrive qu'au prix du malheur de la majorité, et tout ce qu'elle fait est toujours, exclusivement, au profit des forts. Sous la souveraineté de la raison, elle ne parvient à se conserver qu'en causant le bonheur de tous, et toutes les mesures qu'elle prend sont toujours pour le plus grand avantage de tous.

Sous la souveraineté de l'ignorance, l'ordre repose, au matériel, sur l'esclavage des travailleurs, sur l'exploitation du travail par la richesse. La société doit donc à cette époque favoriser, autant qu'il est nécessaire, cette exploitation, cet esclavage. Sous la souveraineté de la science,

(1) Voyez : *L'Instruction obligatoire*, etc., pp. 230 et suivantes.

l'ordre est basé sur la liberté du travail, sur la domination de la matière par l'intelligence. La société de cette époque doit donc, de tout son pouvoir, faciliter cette domination.

L'esclavage du travail se manifeste par l'avilissement de son prix, par l'abaissement du salaire, ou par l'élévation du profit. Il en résulte que la consommation générale s'en trouve restreinte d'autant. La domination du travail sur la matière se mesure, au contraire, par l'élévation du salaire, ou par la décroissance du loyer de la matière. Le développement de la consommation au *maximum*, et par suite le bien-être universel, en est la conséquence nécessaire.

Je puis maintenant aborder la question dont il s'agit dans ce paragraphe.

La société doit faire concurrence aux individus, sous la souveraineté de la force, au profit des forts, et au profit de tous sous celle de la raison.

Le but de cette concurrence est, sous la première souveraineté, d'avilir le prix du travail et, par cela même, d'accroître le loyer de la matière. Sous la seconde, son but est de porter le salaire à son plus haut point.

De cette façon la société, dans le premier cas, aggrave l'esclavage des travailleurs; elle développe, dans le second, la liberté du travail au *maximum*.

En conséquence :

Sous la souveraineté de la force, la société fuit

concurrence aux travailleurs. Cela a lieu de diverses manières, entre autres en garantissant à des associations de capitalistes un *minimum* d'intérêt de leur argent, ce qui revient exactement au même que si elles les assurait contre l'élévation du salaire au delà d'une certaine limite. Je n'en dirai pas davantage. Il existe, du reste, d'autres moyens beaucoup plus directs pour arriver à l'exploitation sociale du travail. Tels sont, par exemple, les impôts et les emprunts.

Sous la souveraineté de la raison, la société fait concurrence aux capitalistes.

Examinons, de plus près, dans quels cas et comment s'établira cette concurrence.

Pour pouvoir travailler, ai-je déjà fait observer bien souvent, il faut de la matière.

Or si, même avec la collectivité de la propriété foncière, il existait seulement des détenteurs individuels de capitaux, le loyer de la matière mobilière ne serait pas aussi bas qu'il peut l'être quand il y a, en même temps, un propriétaire collectif de capitaux; et, conséquemment, la rémunération du travail n'atteindrait pas le taux le plus élevé possible.

La société, capitaliste collectif, concourra donc avec les capitalistes individuels pour prêter, à ceux qu'une chance malheureuse a privés de leurs richesses, le capital indispensable pour exercer leur activité.

De cette façon, le salaire sera toujours à son *maximum*.

Pour que la consommation universelle soit la plus forte possible, il faut que, dans le prix des objets, le travail soit au plus cher, et le capital au meilleur marché.

Or, si la circulation des hommes et des richesses restait monopolisée par le capital, la partie relative à la matière, dans le prix des choses, ne serait plus au plus bas possible.

La société fera donc concurrence aux individus, quant à toutes les espèces de circulation, de façon à abaisser le prix des transports au meilleur marché.

De cette manière, la consommation générale sera toujours au *maximum*.

Pour que la consommation universelle atteigne encore un plus grand développement, il faut que les objets aillent du producteur au consommateur avec le moins d'intermédiaires possible : réduire les dépenses, c'est réduire les prix.

Or, si le commerce restait monopolisé par la richesse, les prix seraient augmentés, tant du profit des capitaux employés par les marchands, que de la rémunération du travail de ces mêmes marchands.

La société fera donc concurrence au commerce individuel, en mettant en rapport, dans des établissements spéciaux, les consommateurs et les produits, et en ne prélevant sur les prix de vente, fixés par les producteurs, que le strict nécessaire pour couvrir les frais de cette opération.

La consommation générale sera donc, encore une fois, portée ainsi à son *maximum*.

En résumé, par la concurrence sociale aux individus, dans la société future, le salaire, la consommation et par conséquent le bien-être de tous seront élevés au plus haut point.

§ **VII.** — *La concurrence entre les nations.*

Il ne s'agit pas ici des efforts que font les diverses nations pour se surpasser, sous le rapport militaire, mais bien de leur concurrence pour produire au meilleur marché possible.

Parmi les conditions nécessaires à l'existence de cette espèce de concurrence, j'ai signalé, au § iii du présent chapitre, le non-isolement des nations.

Mais comment le non-isolement se manifeste-t-il sous ce rapport ?

Exclusivement par l'établissement de ce que l'on a appelé la liberté commerciale, ou le libre échange. Toute prohibition, toute entrave, soit fiscale, soit autre, qu'une société met au commerce international, l'isole d'autant de ses voisines, et rend leur concurrence impossible.

Remarquons maintenant une chose bien essentielle.

Ce qui distingue exclusivement une nation d'une autre, c'est la règle à laquelle elle obéit.

Deux sociétés qui se soumettraient à la même règle, qui consentiraient à être régies par les mêmes lois, cesseraient à l'instant, par cela seul, de constituer deux sociétés distinctes.

Et c'est précisément pour ce motif qu'il n'y aura plus qu'une société unique, lorsque tout le monde obéira à la règle prescrite par la raison, méthodiquement reconnue et démontrée.

Mais plusieurs nations, tout en restant séparées, peuvent cependant se fondre *partiellement*, par leur soumission aux mêmes prescriptions, relativement à certains objets particuliers.

Alors, à cet égard, il n'existe plus de sociétés multiples; il n'y en a qu'une seule.

Par exemple, lorsque deux sociétés, jusqu'alors dominées par des révélations différentes, viennent à se soustraire, par l'examen, à cette espèce de souveraineté, elles se fusionnent, et, à ce point de vue, n'en font désormais plus qu'une.

La même chose a lieu sous d'autres rapports d'ordre différent. Deux ou plusieurs sociétés peuvent se confondre, en se soumettant à la même législation sur les poids et mesures, sur les monnaies, etc.

Eh bien, il en est encore de même en ce qui concerne les échanges internationaux. Du moment que différentes sociétés permettent, entre elles, le commerce fait par les individus, en le laissant libre de toute entrave, elles se constituent en une société unique, quant au commerce.

Mais qu'arrive-t-il ensuite?

La concurrence qui existait, jusqu'alors, entre les membres de chaque société, se généralise et se trouve établie entre ceux de l'ensemble social.

Or, aussi longtemps que la raison n'est pas souveraine, c'est la force qui règne, ce qui rend la concurrence illusoire seule possible.

La nation qui l'emporte dans ce concours est donc alors, nécessairement, celle qui possède le plus gros capital, les meilleures machines, et où la richesse domine davantage le travail; et, bientôt, ce que les forts étaient au sein de chaque nation, ils le deviennent au sein des nations.

Ainsi, le libre échange, ou la prétendue libre concurrence entre les nations, tant que l'humanité n'est pas unie sous la souveraineté de la raison, a pour unique effet d'accroître la puissance des forts et d'aggraver la misère des faibles, en universalisant le paupérisme.

CHAPITRE XIV.

L'HÉRÉDITÉ.

—

§ I. — *Qu'est-ce que l'hérédité?*

La transmission de la propriété, à titre gratuit, du vivant du propriétaire, constitue la *donation*. Cette transmission, par la mort du propriétaire, constitue l'*hérédité*.

Ainsi partout où il y a propriétaire, et mort de propriétaire, il y a hérédité.

L'*héritage*, ou la *succession*, est la propriété transmise.

Les *héritiers* sont les nouveaux propriétaires.

Et le *testament* est l'acte par lequel le propriétaire désigne, en même temps, la propriété qu'il transmet au moment de sa mort, et les personnes en faveur desquelles il opère cette transmission.

§ II. — *Les diverses espèces d'hérédité.*

L'hérédité présente plusieurs manières d'être, qu'il importe de connaître pour comprendre parfaitement ce qui va suivre. Je vais en caractériser les différentes espèces.

L'hérédité est *facultative,* quand l'organisation sociale permet au propriétaire de disposer, comme il l'entend, de sa chose. L'hérédité est *forcée,* au contraire, lorsque la loi intervient pour indiquer qui doit hériter, qui ne peut pas hériter, et ce dont le propriétaire peut disposer.

L'hérédité est *testamentaire,* quand la volonté du propriétaire, relativement à la transmission de sa chose, a été exprimée explicitement. En dehors de ce cas, cette volonté se présume, et l'hérédité a lieu *ab intestat.* La présomption de la volonté est déterminée par la loi, et elle est en rapport avec l'organisation sociale de l'époque.

Ainsi, lorsqu'un propriétaire ne teste pas, c'est qu'il ne s'oppose nullement à ce que la transmission de sa propriété ait lieu conformément aux prescriptions légales; c'est qu'il accepte la substitution de la volonté sociale à la sienne.

L'hérédité est *domestique* ou *sociale.*

L'hérédité domestique est celle qui a lieu au

sein de la famille, ou d'individu à individu. C'est dans ce sens que l'on prend, le plus généralement, l'expression d'hérédité.

Mais quand on fait abstraction de l'individu, et que l'on considère la société comme formée par une suite de générations, il y a là une nouvelle espèce d'hérédité. Chaque génération laisse, en effet, en mourant, sa propriété à la génération qui lui succède, et cette transmission est ce que j'appellerai l'hérédité sociale.

Il y a une autre espèce d'hérédité sociale; elle existe quand il y a transmission d'un héritage, propriété individuelle, à la société, autrement dit quand la société succède à un individu.

Il importe de ne pas confondre ces deux espèces d'hérédité sociale; du reste, ce n'est guère difficile.

L'hérédité, enfin, peut être considérée au propre ou au figuré.

L'hérédité *proprement dite* consiste dans la transmission de la propriété proprement dite.

La transmission de la condition sociale est un exemple d'hérédité *figurément dite*.

§ III. — Nécessité de ne pas confondre l'hérédité
avec l'organisation de l'hérédité.

Il y a lieu de remarquer ici une chose analogue à celle sur laquelle j'ai déjà plusieurs fois attiré l'attention, notamment à propos de la propriété : je veux parler du défaut de logique qui consiste dans la confusion de l'hérédité avec la façon dont elle est mise en jeu.

L'hérédité, ai-je dit en commençant, existe nécessairement partout où il y a propriété. L'hérédité est donc indestructible. Mais il y a diverses manières de l'appliquer.

Et parce que l'hérédité, organisée comme elle l'est de nos jours, est absurde, faut-il pour cela tenter l'impossible en voulant l'abolir? Il est plus rationnel de lui chercher une nouvelle organisation.

L'hérédité, je le répète, est indestructible. Mais l'hérédité domestique pourrait ne pas l'être. Voyons si cette destruction serait rationnelle.

Le but du travail est l'acquisition des choses nécessaires ou utiles à l'existence. La constitution de la propriété est donc l'excitant du travail, de la production.

Mais empêcher les individus de disposer de leur propriété comme ils l'entendent, et pour quand ils l'entendent, c'est les gêner dans la jouissance de cette propriété, c'est restreindre l'usage qu'ils peuvent en faire; c'est donc amoindrir d'autant l'excitation au travail.

L'abolition de l'hérédité domestique aurait donc pour résultat nécessaire, infaillible, une immense diminution dans l'activité des individus.

D'ailleurs, quelle différence y a-t-il entre la faculté de transmettre sa propriété, de son vivant, fût-ce une seconde avant la mort, — faculté qu'on ne songe pas à nier, — et celle d'en disposer pour le temps où l'on n'existera plus? Ces deux modes de transmission n'ont-ils pas lieu, l'un comme l'autre, en vertu de la volonté du propriétaire? C'est un acte de dernière volonté, il est vrai; mais il serait aussi irrationnel d'en empêcher l'accomplissement, que de s'opposer à celui de l'avant-dernière volonté du testateur.

L'activité des individus doit, dans une société rationnellement organisée, être aussi développée que possible; et elle peut seulement être excitée, au *maximum*, par la certitude, pour chacun, que le fruit de son travail sera sa propriété individuelle à lui, à ses enfants, ou à ceux à qui il jugera convenable de la transmettre après sa mort.

Le sophisme qui consiste dans la confusion entre l'hérédité et l'organisation de l'hérédité, comme celui qui résulte du défaut de distinction entre les diverses organisations de l'hérédité, conduit aux conséquences suivantes.

L'hérédité a été et se trouve encore organisée d'une manière irrationnelle. Le vice de cette organisation apparaît de plus en plus, à mesure que s'étend l'esprit d'examen. L'hérédité devient donc, non-seulement de moins en moins utile à la conservation de l'ordre, mais elle tend toujours plus directement à son renversement.

Tout ceci étant généralement reconnu, quoi

d'étonnant à ce que des réformateurs aient pris
le parti héroïque de réclamer l'abolition de l'hérédité au lieu de chercher à l'organiser autrement?

C'est effectivement ce que plusieurs sectes
socialistes demandent. Je vais examiner, dans la
suite de cette étude, s'il n'y a pas une autre solution à la question de l'hérédité.

§ IV. — *L'hérédité domestique aux diverses époques humanitaires.*

L'hérédité domestique constitue le lien social
qui unit les enfants à la famille. Mais cette union
doit-elle être indissoluble? Tel est le problème
qu'il s'agit maintenant de résoudre.

Sa solution dépend des conditions nécessaires
à la stabilité de l'ordre. Il serait absurde, en
effet, d'établir une organisation de l'hérédité
qui ne se trouverait pas en harmonie avec le
reste de l'organisation sociale, qui aurait, en un
mot, l'anarchie pour résultat.

La liberté de disposer de son bien doit être,
devant la raison, aussi grande que possible. A
première vue, on peut donc soutenir que l'union
des enfants à la famille domestique ne doit pas
toujours être indissoluble. En thèse générale,
plus l'ordre est indépendant de la faculté de
tester, plus cette faculté est étendue; elle est
d'autant plus restreinte, au contraire, que l'ordre en dépend davantage. Un examen attentif

du problème nous montrera, d'une manière évidente, quand l'union des enfants à la famille doit être indissoluble, et quand elle peut être facultative.

Et puisque tout se réduit, comme toujours, à la question d'ordre, rappelons à quelles conditions l'ordre existe, et commençons par l'époque d'ignorance sociale.

Pendant cette époque, c'est-à-dire aussi longtemps que la société ne sait pas s'il y a une autre souveraineté que celle de la force, il faut :

1º Que la propriété individuelle soit la plus grande possible, et la propriété collective, ou mieux pseudo-collective, au *minimum*;

2º Que la plus grande partie de la richesse soit concentrée dans le plus petit nombre de mains possible;

3º Enfin que la richesse reste, autant que faire se peut, toujours dans les mêmes familles.

Et ces trois conditions sont indispensables, afin que les développements intellectuels, et par suite l'examen, soient possibles seulement pour ceux qui possèdent la richesse, qui profitent de l'organisation sociale, qui ont par conséquent tout intérêt à la trouver parfaite.

Je me suis expliqué là-dessus assez souvent, je pense, pour ne plus devoir y revenir.

Mettons maintenant l'organisation de l'hérédité domestique en rapport avec l'organisation sociale de l'époque d'ignorance.

Sous la souveraineté de la force, l'hérédité

facultative doit être nulle, ou presque nulle, et l'hérédité forcée, prédéterminée par la loi, doit presque toujours exister.

Si, en effet, il était permis à un chef de famille riche, après avoir développé l'intelligence de ses enfants, de les déshériter, il arriverait que ces mêmes enfants, élevés pour être propriétaires, habitués par conséquent à satisfaire des besoins plus ou moins grands, employeraient, une fois tombés dans la misère, toute leur activité à révolutionner l'ordre social.

Aussi, sous cette espèce de souveraineté, n'y a-t-il généralement pas liberté de tester, au moins quand il existe des descendants en ligne directe.

Nouvelle considération, qui a aussi son importance.

L'hérédité domestique tend à accroître les richesses individuelles. L'hérédité au profit de la société est, au contraire, une cause d'augmentation de la richesse sociale.

Qu'en résulte-t-il, relativement à l'organisation de l'hérédité pour l'époque d'ignorance ? La famille proprement dite l'emporte sur la famille sociale, les héritiers individuels passent avant la société, ou, enfin, l'hérédité domestique prime l'hérédité sociale, laquelle, à cette époque, doit toujours se trouver au *minimum* possible.

Et, pour faciliter ce résultat, la souveraineté de la force étend la famille jusqu'à des limites fort étendues.

Alors, si le propriétaire meurt *ab intestat*, la société n'hérite que s'il n'y a pas de famille en deçà d'un degré déterminé par la loi. Dans notre organisation sociale actuelle, la famille, relativement à l'hérédité, va jusqu'au 12e degré inclusivement.

L'hérédité en ligne directe est donc forcée en époque d'ignorance. L'hérédité collatérale est, sinon forcée, au moins favorisée, et sa mise en pratique est, à cette même époque, inculquée par l'éducation.

En résumé, l'organisation de l'hérédité domestique, sous la souveraineté de la force, se réduit aux points suivants :

1° Hérédité facultative au *minimum*, forcée au *maximum*.

2° Hérédité domestique au *maximum*, sociale au *minimum*.

Creusons davantage la question de l'hérédité domestique en époque d'ignorance.

Comme on le sait, les sociétés régies par la souveraineté de la force sont, ou féodales, ou bourgeoises, et, dans chacune de ces formes, il y a une organisation de propriété correspondante. L'hérédité ne doit-elle pas être réglée de façon à se trouver en harmonie avec la propriété, dans ces deux formes sociales ?

L'essence de la forme féodale, relativement à la propriété, est le privilége conféré à la caste noble, de posséder le sol. C'est cette appropriation du sol, source passive de toute richesse, qui constitue sa force.

Mais le sol se perd. par la vente ou la donation, et il se divise par l'hérédité facultative.

Pour que le sol reste, d'abord dans les mêmes familles, ensuite toujours autant que possible au même point de concentration, il faut : qu'il soit inaliénable ; qu'il soit transmissible, par la mort du propriétaire, à un héritier unique, à un seul enfant quand il y a descendance directe, et que cette hérédité soit forcée.

La première condition appartient à l'organisation de la propriété, la seconde, à celle de l'hérédité.

Et quel est cet héritier unique ?

La concordance de la primogéniture avec la plus grande probabilité de paternité réelle a fait attribuer cette qualité d'héritier, par la souveraineté de la force, au premier-né.

Ainsi : hérédité forcée, par ordre de primogéniture, voilà le caractère de la forme sociale nobiliaire, au moins sous le rapport de la propriété foncière.

De cette façon, le sol affecté à une famille reste toujours approprié par le chef de cette famille et en même quantité.

Lorsque, par suite de l'incompressibilité de l'examen, les bourgeois sont devenus assez forts pour renverser les nobles et se mettre à leur place, ils s'emparent du pouvoir. Et que doivent-ils faire pour continuer à jouir de leur

victoire et rendre définitive la chute de la féodalité? Etablir que le sol est accessible à tous
ceux qui peuvent s'en procurer, c'est-à-dire à
tous les capitalistes, à tous les bourgeois. Puis,
spécialement sous le rapport de l'hérédité, pres-
crire que, désormais, l'héritage domestique se
partagera également entre tous les enfants,
quand il y en a, ou entre les plus proches
parents, suivant certaines proportions déterminées, quand la succession a lieu *ab intestat*.

Ainsi : hérédité forcée avec partage égal dans
la ligne directe, et extension de la famille jusqu'à
un degré qui ne peut jamais être fixé qu'arbitrairement; tel est le caractère de la forme
bourgeoise.

De cette manière, la richesse appartenant à
une famille reste, autant que cela se peut, appropriée par ses descendants.

Nous voici maintenant arrivés à la souveraineté de la raison.

Quelles sont, à cette nouvelle époque, les
conditions de l'ordre, sous le rapport de la propriété? Les voici. Il faut :

1º Que la propriété individuelle soit la plus
petite possible, et la propriété collective, appartenant réellement à tous, à son *maximum;*

2º Que la partie de richesse appropriée individuellement soit répartie proportionnellement
au mérite de chacun.

Ces deux conditions sont indispensables pour

que le *maximum* de développement de l'intelligence soit possible chez tous. Je ne crois pas devoir donner une nouvelle démonstration de cette thèse, qui a déjà été prouvée, je pense, suffisamment dans le cours de ce travail.

Voyons donc comment devra être organisée l'hérédité domestique pour remplir ces conditions.

Sous la souveraineté de la raison, l'hérédité peut toujours et doit donc être facultative.

A cette époque, en effet, une pareille mesure n'offrira plus aucun inconvénient, quant à la stabilité de l'ordre. Qu'un père se ruine ou déshérite, pour n'importe quel motif, son enfant, celui-ci n'en aura pas moins eu l'intelligence aussi cultivée que son cerveau l'a permis, et, à son entrée dans la société des majeurs, il aura été mis à même, sous le rapport matériel, d'acquérir des richesses proportionnellement à son travail. D'autre part, il est juste qu'un père soit libre d'exclure de sa famille, sous le rapport de l'hérédité, les enfants qu'il pense devoir en rejeter, et il est juste qu'il puisse laisser même la totalité de son avoir à celui ou à ceux qu'il regarde comme ayant eu plus de dévouement et d'affection pour lui.

L'hérédité forcée est l'origine des castes. Or il ne faut pas de castes dans la société rationnellement organisée.

Sous la souveraineté de la raison, l'hérédité sociale passant avant l'hérédité domestique, puisque cette dernière tend, je le répète, à augmenter les richesses individuelles, la société doit succéder autant que possible, ne laissant dans la famille que l'hérédité directe, comme absolument nécessaire à la plus grande excitation au travail. La société héritera donc dans tous les cas où un propriétaire, mourant sans avoir testé, ne laisserait pas de descendance directe. Sous le rapport de l'hérédité, la famille sera donc réduite exclusivement à la ligne directe. Alors, si le propriétaire veut laisser son avoir à un membre de la ligne collatérale, il testera en conséquence; mais la société ne protégera nullement d'une manière spéciale cette succession; elle la considérera à l'égal d'une succession en faveur d'un étranger, et la traitera de même, notamment sous le rapport de l'impôt.

Les enfants tiennent à la famille *organiquement*. La ligne collatérale ne se trouve pas dans ce cas; il n'y a entre elle et la ligne directe que les rapports d'affection qui existeront, dans la société future, entre tous. Il est donc juste de mettre la ligne collatérale, sous le rapport de l'hérédité, sur le même rang que les autres hommes.

Résumons en quelques mots l'organisation de l'hérédité domestique sous la souveraineté de la raison :

1° Hérédité toujours facultative;

2° Hérédité domestique au *minimum*, sociale au *maximum*.

§ V. — *L'hérédité sociale aux diverses époques de l'humanité.*

Si l'hérédité domestique relie les enfants à la famille proprement dite, à la famille domestique, l'hérédité sociale, — je prends désormais cette expression dans le sens de transmission de la propriété, possédée par une génération, à la génération qui la suit, — sert de lien entre les familles domestiques et la famille nationale ou humanitaire.

L'héritage domestique, c'est ce que laisse, après lui, le père de famille. L'héritage social, c'est ce qui est laissé, par une génération, à celle qui vient après elle.

Deux cas principaux se présentent, quant au partage de l'héritage social. Celui-ci peut être divisé également, ou inégalement, entre les familles qui composent la génération héritière.

Qu'est-ce qui rend ce partage égal ou inégal ? Voilà un premier point à élucider.

Lorsque la génération qui meurt ne possède qu'individuellement, c'est-à-dire, lorsque ses membres seuls sont propriétaires, auquel cas les uns ont beaucoup, et les autres n'ont rien, la génération héritière se compose, à son tour, par le jeu de l'hérédité domestique, d'individus les uns très-riches, les autres très-pauvres. L'héritage social se partage inégalement : certaines familles seulement héritent de tout ou de presque tout.

Mais quand la génération qui disparaît possède une propriété réellement collective, les choses se passent tout différemment. Alors la génération héritière entre en possession de cette propriété collective, et toutes les familles en jouissent également. Les petites inégalités résultant de l'hérédité domestique perdent toute importance devant ce fait. Il y a partage égal de l'héritage social.

Ainsi, pour que l'hérédité sociale soit égale ou inégale, il faut qu'il y ait, ou non, propriété collective.

Dès lors, il est facile de déterminer la façon dont se partage l'héritage social aux diverses époques humanitaires, puisque l'on sait quand il y a, ou non, propriété collective, quand il doit ou ne doit pas y avoir propriété collective.

Sous les deux souverainetés de la force, il n'y a pas et ne doit pas y avoir de propriété réellement commune; l'héritage social doit donc s'y partager inégalement. C'est ce qui arrive, en effet.

Sous la souveraineté de droit divin, les familles nobles héritent seules du sol, les familles bourgeoises héritent des capitaux. Le peuple n'a rien et n'hérite de rien.

Sous la souveraineté des majorités, ou du peuple, les familles bourgeoises héritent seules, tant du sol que des capitaux. Les prolétaires n'ont rien et n'héritent de rien.

Sous la souveraineté de la raison, il doit y

avoir et il y aura propriété réellement collective
du sol et d'une grande partie des capitaux.
L'héritage social se partagera donc, à cette
époque, également. Toutes les familles hérite-
ront de leur part dans le sol et les capitaux sociaux.

Avant de terminer ce paragraphe, mettons
en rapport l'hérédité sociale avec l'hérédité domestique, pour en montrer l'analogie.

L'hérédité domestique est relative aux membres de la famille proprement dite; l'hérédité
sociale est relative aux familles domestiques,
considérées comme membres de la famille figurément dite, nationale ou humanitaire selon les
époques.

Pendant la féodalité, c'est l'aîné de chaque
famille noble qui hérite, seul, du sol possédé
par cette famille; les cadets naissent dépouillés
de leur part dans le sol domestique.

Avec l'organisation bourgeoise, ce sont les
familles aînées, ou riches, qui seules héritent du
sol national; les familles cadettes, ou prolétaires,
naissent dépouillées de leur part dans ce sol.

Lorsque, en 1789, en France, les bourgeois
sont devenus les plus forts, ils ont soutenu que
le partage inégal de l'héritage domestique était
une injustice, et ils l'ont aboli.

La chute de la noblesse, comme puissance
sociale, et sa fusion dans la caste bourgeoise, ont
été la conséquence de cette mesure.

Quand les prolétaires seront devenus les plus

forts, ils diront : que le partage inégal de l'héritage social est une injustice; que le sol, dans sa totalité, doit appartenir à l'ensemble des familles composant la société, comme les fractions de sol appartiennent à l'ensemble des enfants constituant une famille domestique; qu'il faut donc faire entrer tout le sol à la communauté, afin que l'héritage social soit désormais partagé également entre toutes les familles.

La chute de la bourgeoisie, comme puissance sociale, ainsi que la fusion de l'humanité en une seule caste, celle des travailleurs, sera le résultat de cette mesure.

§ VI. — *Transmission héréditaire de la condition sociale. Prédestination sociale.*

Après avoir examiné la question de l'hérédité, en prenant cette expression au propre, il peut être avantageux d'entrer dans quelques détails sur l'hérédité figurément dite, qui se rapporte à la transmission, aux enfants, de la condition sociale des parents.

Dans un paragraphe spécial du chapitre XVI, j'étudierai de nouveau la condition sociale, les classes et les castes; mais comme j'ai besoin, dès à présent, de ces termes, je vais en donner immédiatement les valeurs.

La *condition sociale*, c'est la position qu'un individu occupe dans la société, relativement à ses richesses, tant intellectuelles que matérielles.

Une *classe*, c'est l'ensemble de tous les individus qui sont à peu près de la même condition sociale.

Une *caste*, c'est une classe qui s'immobilise par sa transmission héréditaire.

Les *priviléges* proprement dits sont les avantages qui résultent, en faveur de tels ou tels individus, soit de l'organisation sociale, soit de celle de la famille. On a qualifié ces derniers plus particulièrement de priviléges *de naissance*.

Enfin il y a *prédestination sociale* lorsque, par le seul fait de leur naissance, les uns sont nécessairement riches, les autres nécessairement pauvres, sous le rapport intellectuel comme sous le rapport matériel.

Tous les priviléges sont, au fond, des priviléges de naissance ; tous se transmettent héréditairement. Tous sont donc cause de la prédestination sociale, de l'existence des castes, enfin de la transmission héréditaire des conditions.

Maintenant que les expressions sont bien déterminées, recherchons ce qu'il faut pour que cette transmission héréditaire ait lieu, ou n'ait pas lieu, et comment elle s'opère dans le premier cas.

Mais ici, avant d'aller plus loin, il faut distinguer et examiner séparément les deux rapports intellectuel et matériel, sous lesquels on peut considérer la condition sociale de chacun.

4.

Sous le rapport intellectuel ou des connaissances, il y a transmission héréditaire de la condition des parents lorsque la société abandonne à ceux-ci le soin de développer l'intelligence de leurs enfants. Alors, en effet, les riches seuls possèdent les moyens de donner, ou de faire donner, à la génération qui leur succède, l'éducation et l'instruction qu'ils ont reçues euxmêmes. Il y a donc transmission héréditaire de la richesse intellectuelle.

Mais lorsque la société se charge de faire donner à tous les enfants, sans exception aucune, l'éducation et l'instruction, le développement intellectuel de n'importe qui est complétement indépendant de la fortune de ses ascendants; il n'y a plus transmission héréditaire de la condition des parents, sous ce rapport, mais bien partage de l'héritage social intellectuel, autrement dit du fonds intellectuel commun, ou de l'ensemble des connaissances tombées dans le domaine public.

Sous le rapport matériel, il y a transmission héréditaire de la condition des parents lorsque l'hérédité est forcée. Il est inutile d'insister là-dessus.

Au contraire, quand il y a liberté de tester, quand l'hérédité est absolument facultative, il n'existe plus, sous ce rapport, de privilége en faveur de personne, et la transmission héréditaire de la condition sociale des parents n'a plus lieu.

Résumons-nous. Pour que l'hérédité des conditions ait lieu, il faut que le soin de développer l'intelligence des enfants soit laissé aux parents. Alors l'instruction est le privilége de ceux dont les parents sont riches. Et ceci est un point de l'organisation de la société. Il faut, en outre, que l'hérédité soit forcée. Alors la richesse est le privilége de ceux dont les parents sont riches. Et ce point appartient à l'organisation de la famille.

Avec ces deux mesures, les uns sont sociale ment prédestinés à la richesse physique et intellectuelle; les autres sont, en vertu de la même prédestination, voués à la misère et à l'abrutissement.

Lorsque, au contraire, la société prend soin de faire élever et instruire la nouvelle génération tout entière, sans aucune exception; lorsque, en même temps, elle a établi la liberté de tester; lorsque, enfin, le sol est collectif; ni l'instruction ni la fortune ne sont le privilége de personne; il n'y a plus ni hérédité des conditions, ni prédestination sociale.

Voyons maintenant quand et comment s'opère la transformation des classes en castes, et, préalablement, déterminons avec plus de sévérité encore ce que c'est qu'une classe.

Une classe, ai-je dit en commençant ce paragraphe, est l'ensemble de tous les individus qui sont de la même condition.

Mais les différences de condition peuvent provenir de deux causes principales, selon qu'elles dépendent de l'organisation sociale ou de la personne elle-même.

Expliquons cela.

Lorsque le sol appartient aux individus, la société se divise en deux parties : ceux qui possèdent, et ceux qui n'ont rien.

Lorsque le soin de développer l'intelligence des enfants est abandonné aux parents, la société se divise encore en deux parties : ceux qui sont instruits, et les ignorants.

Ici, c'est l'organisation de la société qui est en jeu et qui classe les hommes.

Mais quand le sol appartient à la collectivité, et que la société fait donner l'éducation et l'instruction à tous, la cause sociale d'inégalité disparaît, et laisse agir exclusivement l'autre cause, qui consiste soit dans le plus ou moins d'activité que déploye le travailleur, soit dans le plus ou moins de perfection de son organisme, tant au physique qu'à l'intellectuel.

Alors il n'est plus question d'organisation sociale : c'est l'organisation individuelle et la volonté qui, seules, classent les hommes.

Cette seconde cause d'inégalité existe simultanément avec la première, dans la société actuelle, mais elle ne joue qu'un rôle effacé. Dans la nouvelle organisation de la société, elle est la cause exclusive de la différence des conditions.

Ainsi les classes sont relatives : tantôt à l'organisation sociale, tantôt à la personne.

Donnons des exemples de ces deux espèces de classes.

Sous la souveraineté de la force, il y a les classes des maîtres et des esclaves, c'est-à-dire de ceux qui possèdent, séparément ou à la fois, les richesses intellectuelles et matérielles, et de ceux qui en sont privés; il y a les riches et les pauvres d'esprit, les riches et les pauvres de matière.

Sous la souveraineté de la raison, il n'y aura plus de pauvres ni d'esprit ni de matière, au moins du fait de la société; mais on verra des plus ou moins riches, le degré de richesse, soit matérielle, soit intellectuelle, dépendant exclusivement de l'activité de l'individu ou du plus ou moins de perfection de son organisme.

Sous la souveraineté de la force, il existe des esclaves, sous le rapport de l'intelligence, sous celui de la propriété, ou sous les deux rapports réunis : ceux qui sont privés de propriété intellectuelle ou matérielle dépendant, pour vivre, de ceux qui en possèdent.

Sous la souveraineté de la raison, il n'y aura plus d'esclavage : personne ne dépendant, pour vivre, que de soi-même.

En un mot, lorsque la force est souveraine, les classes sont relatives à l'organisation sociale; lorsque la raison règne, elles se rapportent à l'initiative ou à l'organisation individuelles.

Après avoir déterminé ce que c'est qu'une classe, passons aux castes, pour revenir ainsi à la question de l'hérédité.

Une caste, c'est une classe qui s'immobilise, dans les mêmes familles, par l'hérédité; c'est une classe dans laquelle les enfants héritent de la condition sociale des parents.

Toute classe est-elle susceptible de devenir caste?

Non.

Les classes relatives aux différences individuelles, — classes qui existent seulement sous le règne de la raison, — ne peuvent se transformer en castes, c'est évident. Ce qui constitue ces classes, en effet, c'est l'exercice de la volonté, ce sont les aptitudes organiques, deux choses exclusivement personnelles et qui sont intransmissibles par hérédité.

Mais les classes relatives à l'organisation sociale sont sujettes à se changer en castes, et subissent même cette transformation fatalement.

Comment cela?

Examinons successivement les deux classes d'individus existant sous la souveraineté de la force : celle des maîtres, et celle des esclaves.

L'esclave domestique, ou le prolétaire, n'ayant pas de propriété, ne peut en transmettre à ses enfants, qui deviennent nécessairement esclaves comme lui, sous ce rapport. Et le même esclave, dont l'intelligence n'a pas été cultivée et qui ne possède rien, n'a aucun moyen de faire donner à ses enfants l'instruction nécessaire pour ne pas tomber dans la servitude, sous ce nouveau rapport. De sorte que l'esclavage des parents rejaillit nécessairement sur les enfants.

Le maître, au contraire, transmettant sa propriété à ses descendants, et ayant de quoi faire développer leur intelligence, ceux-ci héritent de la position de leurs parents.

C'est ainsi que les conditions sociales des maîtres et des esclaves se transmettent héréditairement, et que ces deux classes deviennent infailliblement des castes.

Faisons remarquer avant de finir que, par la transmission héréditaire des conditions, leur inégalité tend à devenir constamment plus considérable. Du moment, en effet, que les uns voyent leur bien-être s'accroître toujours davantage, tandis que les autres restent continuellement dans la même gêne et le même abrutissement, les enfants des premiers entrent, sur la scène sociale avec plus de moyens de s'enrichir que n'en possédaient leurs parents.

Voilà donc une nouvelle preuve de la proposition avancée par la plupart des économistes, proposition à laquelle j'étais déjà parvenu par un autre chemin, savoir : que le paupérisme et les richesses croissent, dans nos sociétés, sur deux lignes parallèles.

Ce fait d'arriver à la même proposition, tout en partant de deux points différents, démontre que l'on est toujours resté dans la bonne voie.

§ VII. — *Rapports des organisations de l'hérédité avec l'ordre.*

Suivons, dans cet examen, l'ordre chronologique.

En féodalité, on a :

L'hérédité domestique forcée, par ordre de primogéniture pour la propriété foncière, avec l'inaliénabilité des fonds territoriaux ;

L'hérédité sociale inégale fonctionnant uniquement en faveur des forts ;

Et l'hérédité des conditions sociales.

Cet ensemble répond aux conditions d'ordre de l'époque. Il a pour résultat, en effet, le maintien de la propriété dans les mêmes familles, avec l'indivisibilité de la propriété foncière relative à chacune d'elles, d'où l'impossibilité de perdre leurs richesses.

Et comme l'instruction est, en même temps, le privilége de ceux qui possèdent, il en résulte que, avec l'organisation de l'hérédité que j'indique plus haut, les connaissances et la richesse se trouvent réunies chez les mêmes individus : ce qui est toujours la condition *sine qua non* de l'ordre.

Avec le système social démocratique ou bourgeois, c'est différent. On a bien, comme en féodalité :

L'hérédité domestique forcée ;

L'hérédité sociale inégale, fonctionnant exclusivement au profit des forts ;

Et l'hérédité des conditions sociales ;

Mais on n'y remarque plus l'hérédité par ordre de primogéniture pour les propriétés territoriales, ni leur inaliénabilité.

Or, c'est précisément l'absence de ces deux

points qui rend tous les autres complétement inefficaces pour donner une existence un peu longue au régime bourgeois.

Il n'est plus possible, désormais, de maintenir la propriété dans les mêmes mains, puisqu'elle est aliénable, ni de l'y maintenir avec le même degré de concentration, puisqu'elle se divise par l'hérédité.

D'autre part, s'il est vrai que l'instruction reste encore le privilége de la richesse, il est vrai aussi que, l'examen étant devenu incompressible, ceux mêmes qui sont privés de richesse peuvent acquérir certaines connaissances, et se défaire ainsi, successivement, de tous les préjugés protecteurs de l'ordre en époque d'ignorance.

D'où il suit qu'avec l'organisation de l'hérédité dont je viens de donner la formule, comme propre au régime démocratique ou bourgeois, les connaissances et les richesses ne se trouvent plus nécessairement réunies chez les mêmes individus; ce qui est toujours une cause de désordre.

Enfin, dans la société future, on aura :

L'hérédité domestique désormais facultative;

L'hérédité sociale égale, fonctionnant au profit de tous;

Et l'hérédité des conditions sociales n'existera plus.

Cet ensemble est, de nouveau, favorable au maintien de l'ordre. En effet :

Il n'y a plus de propriété foncière indivi-

duelle, et il n'y a plus de privilége, sous le rapport de l'instruction, en faveur de la richesse.
Tout privilége relatif à l'hérédité, soit sociale,
soit domestique, a également disparu. Il en
résulte donc que les connaissances seront le
partage de tous, en proportion de leur volonté
et de leur aptitude à se les assimiler, en même
temps que tous acquerront de la richesse proportionnellement à leur activité et à leur aptitude à l'exercer sur la matière. Les connaissances
et la richesse se trouveront donc réunies chez
tous, et l'ordre sera devenu inébranlable.

CHAPITRE XV.

LES RAPPORTS ENTRE LE TRAVAIL ET LA MATIÈRE.

---

§ I. — *Il n'existe entre le travail et la matière que des rapports d'hostilité.*

L'alliance se conçoit seulement entre choses de même nature. Dans ce cas, en effet, il peut y avoir comparaison entre les deux choses, puis classement, d'où résulte l'harmonie de l'ensemble.

Mais lorsqu'il s'agit de choses de natures absolument distinctes, ce n'est plus la paix qui règne entre elles, mais bien l'opposition ou l'hostilité; et l'une d'elles doit nécessairement, quand elles sont mises en présence, commander à l'autre.

Pour ceux qui ne reconnaissent pas de coupe absolue dans la série continue des êtres, pour ceux qui admettent que l'homme tout entier fait partie du monde matériel, pour les partisans de l'économie politique, enfin, il peut être et il est question souvent de l'alliance entre le travail et le capital. Mais l'économie sociale arrive à une tout autre conclusion : pour elle, l'homme, dans une de ses parties constituantes, la sensibilité, est d'une nature directement contraire à celle de la matière; et il en résulte que le seul rapport possible entre la matière et le travail, expression de l'humanité, est celui de l'antagonisme.

Le travail constitue, en effet, le domaine intellectuel, celui de la liberté; la matière est celui de la nécessité. Ces deux domaines sont aussi opposés qu'on peut l'imaginer, et on ne doit admettre entre eux, dès lors, que subordination : esclavage d'une part, domination de l'autre.

Il existe entre le travail et la matière cette différence essentielle, que si le premier de ces éléments est la source active des richesses, le second en est la source passive. Tout produit manifesté ne se réduit-il pas, en effet, à de la matière modifiée par le travail? Or, quand deux causes concourent à un même but, il faut, de toute nécessité, que l'une des deux imprime la direction, fasse la loi à l'autre, commande en un mot.

Il n'y a, dans la société, que travail à faire, travail proprement dit, et travail fait, passé, accumulé sous forme de richesse mobilière ou foncière. Ces deux idées sont divergentes, la première exprimant le mouvement, l'action, la peine qu'on se donne; la seconde, l'équilibre, le repos, la récompense de la peine que l'on s'est donnée. Quelle sorte d'accord est-il possible d'imaginer entre choses aussi contraires? Il serait plus aisé d'allier l'eau et le feu.

Une nouvelle considération conduira encore au même résultat. Le travail est plus demandé qu'offert, ou plus offert que demandé. Dans le premier cas, il fait la loi; dans le second, il subit celle que lui impose la richesse. Ceci posé, pour quel motif, lorsque le travail domine, par exemple, renoncerait-il à cette domination dans le but de s'allier au capital pour lui faire plaisir? Et d'abord, le pourrait-il? Libre à un travailleur isolé, sous la domination du travail, d'abaisser son salaire autant qu'il lui plaît; mais cette situation privilégiée du travail ne dépend nullement d'un caprice individuel, elle existe nécessairement dans telles circonstances données, et alors, nécessairement aussi, le salaire est toujours au plus haut des circonstances.

Il en est absolument de même pour la domination de la richesse.

Il faut donc abandonner ce rêve de l'alliance du capital et du travail : c'est un produit de l'imagination de certains économistes aux intentions excellentes, mais à l'esprit étroit.

§ II. — Qu'est-ce que la domination du travail sur la matière, et la domination de la matière sur le travail?

Les expressions : *domination de la matière, ou du travail, et esclavage du travail, ou de la matière*, sont elliptiques; elles pourraient, si l'on n'y prenait garde, induire en erreur.

Le travail, expression de liberté, n'est pas, en effet, susceptible d'être dominé par la matière, expression de nécessité; il ne pourrait en devenir l'esclave sans cesser d'être la manifestation d'un être libre. Tout comme la matière est incapable d'obéir au travail, de devenir son esclave; sa nature, qui est le fonctionnement, s'y oppose.

Les idées de domination et d'esclavage, de commandement et d'obéissance, ne se conçoivent pas dans le domaine matériel; elles ne représentent quelque chose de réel que chez les êtres libres.

Aussi les expressions de domination et d'esclavage, soit du travail, soit de la matière, signifient-elles, à proprement parler, la domination et l'esclavage de leurs représentants, les travailleurs et les propriétaires.

Celle des deux classes qui peut se passer de l'autre, ou dont l'autre ne peut se passer, est la classe dominante. Celle qui ne peut vivre sans l'aide de l'autre, est la classe esclave ou exploitée.

Mais il y a cette différence entre les situations

respectives des représentants de la matière et du travail, que l'esclavage dans la classe propriétaire n'est jamais qu'apparent. Si tout travailleur n'est pas toujours, en effet, propriétaire, les propriétaires sont toujours travailleurs, en leur qualité d'homme. D'où il résulte que si, lorsque la richesse domine, les travailleurs sans richesse sont esclaves, quand le travail est le maître, ce n'est pas dans sa personne que le capitaliste est exploité, mais bien dans son capital; car le capitaliste peut toujours travailler quand il le désire.

Le travail étant le caractéristique de l'humanité, la domination de la richesse constitue l'esclavage social; la liberté sociale, c'est l'exploitation de la richesse au profit de tous.

§ III. — *Conditions nécessaires à l'existence de la domination, soit de la richesse, soit du travail.*

Établissons d'abord à quelles conditions le travail est possible; cela fait, il sera facile de résoudre la question.

Pour la plupart des économistes, la liberté du travail existe lorsque rien ne vient, en apparence, gêner le travailleur. Pourvu qu'il ne soit soumis à aucun règlement, qu'il puisse aller et venir, s'établir où il lui plaît, se livrer au travail et se reposer à volonté, agir pour son propre compte ou pour celui d'autrui; pourvu, enfin, qu'il ne soit empêché par aucune entrave légale, il peut se flatter, d'après les partisans de l'économie politique, de jouir de la liberté du travail. Cette liberté a été fondée, selon eux, en 1789, par l'abolition des corporations et des jurandes: elle existe depuis que, pour s'exprimer comme Turgot, le droit de travailler n'est plus un droit régalien que le prince peut vendre et que les sujets doivent acheter, mais bien la propriété sacrée et imprescriptible du pauvre.

Pour l'économie sociale, c'est là une erreur grave. Ce qui a été aboli par la révolution, ce sont des institutions qui, pour permettre à un homme de travailler, exigeaient plus que sa volonté et celle de qui voulait l'employer. Or, de ce que les jurandes et corporations étaient incompatibles avec la liberté du travail, il faut se garder d'en conclure que cette liberté prend naissance par suite de leur anéantissement. Ce serait là un fort pauvre raisonnement. Le travail est libre à la condition que l'homme, pour travailler, ne dépende d'aucune volonté étrangère.

L'erreur des économistes provient de ce que l'on ne s'est jamais rendu clairement compte des conditions indispensables à la possibilité du travail. Le travail ne se réduit pas à être exclusivement du mouvement sans but, pas plus que manger ne se borne à l'exercice des mâchoires. Et tout comme, pour manger, il faut avoir quelque chose à se mettre sous la dent, à peine de mâcher à vide, pour travailler, il faut avoir quelque chose à modifier, sinon le travail se réduirait à celui de l'écureuil dans sa cage.

Le travail, — le travail social bien entendu, particulièrement celui qui se manifeste par un produit corporel, — est l'application de l'intelligence à la modification de la matière, foncière ou mobilière.

Pour qu'un être soit capable de travailler, pour que le travail lui soit possible, il faut donc, d'abord que son intelligence soit développée, ensuite qu'il ait de la matière à transformer.

Je néglige ici, pour ne pas compliquer le problème, une troisième condition ; je veux parler de l'état de la société. L'anarchie n'est pas, en effet, une circonstance favorable au travail ; pour celui qui a les moyens intellectuels et matériels de travailler, mais qui, à cause du désordre dans lequel se trouve la société, ne peut les mettre à profit, le travail n'est évidemment pas possible. Il suffira de tenir compte de cette situation, dans ce qui va suivre, sans être obligé de s'y arrêter davantage à présent.

Étant admises les deux conditions indispensables à la possibilité du travail, que faut-il de plus pour parvenir à la liberté du travail ?

Il faut que ces conditions ne dépendent de personne ; il suffit qu'elles soient, en un mot, la conséquence nécessaire de l'organisation sociale. Car si l'une des deux était, pour peu que ce fût, au pouvoir d'un autre que le travailleur, celui-ci, pour agir, serait à la merci d'une influence étrangère.

Creusons ces données, en commençant par la condition intellectuelle.

Lorsque les développements de l'intelligence du travailleur ont été subordonnés au degré de bien-être de ses parents, s'il est resté dans l'ignorance parce que sa famille n'avait pas de quoi lui faire donner toute l'instruction qu'il était susceptible d'acquérir, le travail, sous ce rapport, est évidemment esclave de la richesse.

Mais lorsque ces développements ne sont plus le monopole de la richesse, alors, toujours sous le rapport intellectuel, le travail est libre.

Passons au côté matériel de la question.

Quand un travailleur, ne possédant pas de matière et désirant en modifier, doit s'adresser à un propriétaire individuel pour en obtenir, le travail, sous ce rapport, est esclave. Il ne peut avoir lieu, en effet, que moyennant le consentement préalable de ce propriétaire.

Mais quand le travailleur n'est plus contraint d'implorer un propriétaire individuel pour avoir de la matière à transformer, alors, sous le rapport matériel, le travail est libre. Il ne dépend plus, en effet, que de la volonté du travailleur.

Ainsi, tant que l'acquisition des connaissances est le monopole de la propriété, et que le travailleur a besoin, pour agir, de la permission d'un propriétaire individuel, la richesse domine et le travail est exploité. Et dans les deux circonstances opposées, le travail domine, et la richesse est l'esclave de l'homme.

Mais de quelle façon les connaissances peuvent-elles ne plus être le monopole de la richesse? Et comment le travailleur peut-il se passer de l'aide du propriétaire individuel? Voilà ce qu'il s'agit maintenant de savoir.

Quand la société se charge de donner à tous les enfants sans exception, de quelque famille qu'ils proviennent, l'éducation et l'instruction complètes, la somme des connaissances acquises par chacun n'est plus nécessairement relative à la fortune de ses parents; l'instruction n'est plus le privilége des propriétaires. Et son degré dépend, exclusivement, des aptitudes et de la volonté de celui que la société a fait élever et instruire.

Lorsqu'il n'existe plus de travailleurs sans propriété, ceux-ci n'ont nul besoin, pour produire, du concours d'un étranger, puisqu'ils trouvent en eux-mêmes les ressources matérielles nécessaires. Et le résultat du travail est proportionnel au degré d'activité, et aux aptitudes du travailleur.

Pour que la liberté du travail existe et que, une fois établie, elle ne puisse cesser d'être, il faut donc :

1º Que la société se charge de faire donner l'éducation et l'instruction complètes aux générations qui arrivent;

2º Que tous soient, et restent toujours propriétaires.

Mais il est indispensable de préciser davantage, la seconde condition laissant encore du vague.

Comment, en effet, tous peuvent-ils jouir de la propriété et sans jamais pouvoir la perdre? Quelle est l'espèce de matière que chacun doit posséder, et combien en faut-il? Telles sont les nouvelles questions qu'il reste à résoudre pour compléter la solution du problème relatif à la liberté du travail.

Remarquons préalablement les points suivants.

Pour qu'il y ait égalité sociale entre tous, sous le rapport de la liberté du travail, il est absolument nécessaire que toutes les parts de propriété soient équivalentes; c'est évident.

Chaque part doit être suffisante pour que, par son travail sur cette quantité de matière, l'existence physique de chacun soit assurée.

Et n'oublions jamais que la seule espèce de matière *absolument indispensable* au travail social, c'est la matière foncière.

Eh bien, l'unique moyen d'obtenir les résultats cherchés, c'est l'appropriation collective et simultanément l'inaliénabilité de la planète sur laquelle nous vivons.

Avec cette organisation de la propriété, en effet, toutes les parts indivises sont et restent toujours égales. De plus, chacun se trouve dans la plus complète impossibilité de perdre sa part. Enfin, tous sont à même de pouvoir subsister par leur travail, tout provenant, en définitive, de la modification du sol. Au contraire, lorsque

celui-ci est aliéné aux individus, il peut exister,
et il existe des travailleurs qui ne possèdent ni
propriété mobilière ni propriété foncière, et qui,
par conséquent, ne sont pas libres de travailler
quand il leur plaît.

Ainsi, l'appropriation du sol au profit des
individus est la cause de l'esclavage du travail,
tandis que sa liberté résulte de l'appropriation
du sol au profit de la collectivité.

Du moment, en effet, que le sol est suffisant
pour fournir à la nourriture, au logement, etc.,
en un mot, à tous les besoins physiques de ceux
qui l'habitent, en même temps qu'il leur appartient par indivis, nul n'est exposé à mourir
de faim, pourvu qu'il veuille travailler; nul n'est
obligé d'attendre le consentement d'un autre
pour gagner sa vie. Il suffit de louer une fraction
de sol. Le fermage qu'on paye alors à la société, c'est comme si on se le payait à soi-même,
puisque la rente est dépensée au profit de tous.

Proudhon connaissait déjà, empiriquement
peut-être, la puissance que donne à l'homme
la propriété foncière; il n'ignorait pas combien
elle est indispensable pour le garantir de l'esclavage.

« La vraie propriété, a-t-il dit, est celle du
» sol; c'est par elle que l'homme est véritable-
» ment libre, assuré... Et cette sécurité du pro-
» priétaire,... c'est la sécurité économique que
» donne un capital assis sur les fondements de
» l'univers, consolidé dans le globe que nous
» habitons, et aussi imperdable que lui. »

Remarquons que l'appropriation collective du sol entraîne avec elle celle d'une partie des capitaux. Pour que les fractions du sol puissent être louées au plus offrant, — que celui-ci soit propriétaire ou purement travailleur, — elles doivent être accompagnées du mobilier nécessaire à leur mise en exploitation. Il y a ensuite l'appropriation collective de la rente.

En résumé : lorsque le sol est la propriété des individus, et que les développements de l'intelligence sont le privilége de la richesse, la matière domine et le travail est exploité. Quand au contraire, le sol, avec une fraction des capitaux, étant la propriété de tous, la société se charge de répartir également les connaissances, alors la matière est esclave, et la domination est exercée par le travail.

Si la liberté du travail découle nécessairement de l'ensemble des conditions que je viens d'établir, chaque fois que l'une d'elles s'observera, le travail sera délivré de toute entrave, au moins sous un rapport, et son expression pratique, le salaire, s'accroîtra d'autant. Lors même que cette condition n'existerait que très-incomplétement, le travail n'en serait pas moins indépendant jusqu'à un certain point.

C'est ce que l'on remarque généralement dans les pays où le sol, très-abondant, n'a pas encore été, pour la plus grande partie, approprié individuellement. Cela s'est vu aux États-Unis notamment, et en Australie. Soutenir que le sol y était et y est encore réellement collectif, serait abuser des expressions; il faut, pour que son appropriation collective soit véritable, une réunion de circonstances que j'ai fait connaître dans le chapitre sur la propriété, et qui n'a jamais existé dans les pays dont je parle. Il n'en est pas moins vrai que, aux Etats-Unis par exemple, la grande quantité de sol qui fait encore partie du domaine de l'Etat, son bas prix, et son extrême abondance relativement à la population, le constituent en une sorte de pseudo-communauté. Aussi, contrairement à ce qui se voit en Europe, où tout le sol se trouve approprié par les individus, le salaire y est-il quelquefois excessif. C'est pour ce même motif qu'en Australie, bien entendu au point de vue des fermiers, des propriétaires et des notables, des riches en un mot, l'importation des condamnés de la mère patrie a été parfois considérée comme un véritable bienfait, celui de maintenir, dans la colonie, les salaires à un taux modéré.

§ IV. — Les différentes espèces d'exploitation du travail. — La domination du travail sur la matière, ou de la matière sur le travail, peut être plus ou moins intense.

Le travail est libre ou esclave, il n'y a pas de milieu. La matière le domine ou est dominée par lui. Ces deux seuls cas sont possibles, c'est évident.

Mais l'un de ces éléments peut être exploité plus ou moins fortement par l'autre. On conçoit des degrés dans l'intensité de l'action subie par celui-ci au profit de celui-là.

En théorie, le travail est libre ou il ne l'est pas; en pratique, il est plus ou moins libre.

Il y a même plus : l'exploitation du travail a lieu d'après plusieurs modes distincts, qui existent soit séparément, soit simultanément.

Quelles sont les causes d'où dépend chacune de ces exploitations; et, plus généralement, à quelles circonstances faut-il attribuer le plus ou moins d'aggravation dans la domination de l'élément intellectuel sur l'élément matériel, et *vice-versâ?* C'est ce que je vais rechercher.

Une remarque préalable fera comprendre plus aisément ce qui va suivre.

L'impôt mis par la société soit sur le travail, soit sur le capital, ou la richesse, est toujours rejeté, par celui des deux éléments qui domine, sur l'autre. Si, par exemple, un impôt frappe la richesse, sous la domination de la richesse, il est acquitté, en définitive, par le travail, qui ne tarde pas, en effet, à solder cette dette d'une manière ou d'une autre. Il en est de même pour le cas de la domination du travail : tout impôt mis sur le travail est immédiatement reporté sur la richesse.

Ceci posé, — et je développerai davantage cette proposition au chapitre de l'impôt, — je puis continuer.

Le travail est libre, — je ne considère ici que le côté matériel de la question, — quand le sol est approprié collectivement; il est esclave dans le cas contraire.

Lorsqu'il y a communauté du sol, tout impôt frappe donc la richesse; tandis qu'il tombe sur le travail quand la terre est propriété individuelle.

D'un autre côté, la liberté du travail exige la possession d'une partie de matière; possession qui peut être, soit une propriété individuelle, soit une part indivise dans la propriété collective.

Il en résulte deux espèces de liberté et d'exploitation du travail : la liberté ou l'exploitation *domestique*, et la liberté ou l'exploitation *sociale*.

Quand le travail dépend d'une matière appropriée individuellement, c'est qu'il n'y a pas de propriété collective; alors il est exploité chez ceux qui n'ont rien, et libre chez l'infime minorité de ceux qui possèdent cette matière. Mais comme le sol n'est pas commun, ce même travail, libre domestiquement parlant, est exploité socialement, parce que c'est sur lui que retombe tout le poids de l'impôt.

Quand, au contraire, le travail ne dépend pas d'un capital approprié individuellement, ce qui ne peut exister que par l'appropriation collective de la terre, alors il est libre chez tous, domestiquement et socialement, l'impôt étant rejeté par le travail sur la richesse.

L'exploitation domestique du travail est celle

qui est exercée par les propriétaires à l'égard des travailleurs sans capitaux.

L'exploitation sociale du travail a lieu moyennant l'impôt.

Elles existent généralement toutes deux quand il y a aliénation du sol. Elles sont rendues impossibles par sa communauté.

Une autre subdivision à faire dans l'esclavage du travail est relative, tant à l'agent qu'au patient de l'exploitation.

Quand celle-ci atteint, par exemple, tel individu, et que son action ne s'étend pas au delà, il y a exploitation *personnelle* du travail. Mais si cette action, se continuant après la mort de l'individu, affecte sa famille, le travail est alors exploité *héréditairement*.

D'autre part, lorsque l'exploitation est exercée au profit d'un maître, elle est encore, sous ce rapport, *personnelle*. Mais dans le cas où elle se continue au profit de la succession du maître, elle devient aussitôt, de ce chef, *héréditaire*.

Comment cette exploitation héréditaire peut-elle s'établir ? D'une façon extrêmement simple : par la perpétuité de l'intérêt.

Tant que l'intérêt est perpétuel, la dette est héréditaire relativement au prêteur, puisqu'elle reste due à ses héritiers, et relativement à l'emprunteur, puisqu'elle continue à être due par les héritiers de celui-ci. De là résulte nécessairement une espèce particulière d'exploitation du travail, espèce justement qualifiée d'héréditaire.

Mais aussitôt que l'intérêt est seulement tem-
poraire, ou mieux viager, la dette devient personnelle sous les deux rapports, puisqu'elle est
éteinte tant par la mort du prêteur que par
celle de l'emprunteur; la succession de celui-ci
ne payant, jusqu'au décès du premier, que s'il
est resté quelque chose à l'actif. L'exploitation
du travail, si exploitation il y a, n'est donc plus
guère que personnelle.

Sous la domination du capital, l'intérêt est,
ou au moins peut être perpétuel. Cette perpétuité met dans l'obligation de payer les intérêts
d'un capital ceux qui ne l'ont pas emprunté, et
les force, par conséquent, de travailler pour acquitter leur dette, avant de travailler au maintien de leur existence. C'est là, certes, une
aggravation évidente de l'exploitation du travail.

Sous la domination du travail, la perpétuité
de l'intérêt sera donc proscrite; et le prêt des
capitaux sera exclusivement viager, ou personnel.

L'exploitation du travail, ainsi que sa domination, présente donc plusieurs degrés. Mais
l'intensité de celle-ci ou de celle-là dépend
encore de plusieurs autres causes dont je vais
énumérer successivement les plus importantes.

La collectivité du sol entraîne avec elle la
liberté du travail, comme l'esclavage de celui-ci
est l'effet de l'aliénation du sol; c'est vrai. Mais
si l'on ajoute à la communauté foncière l'ap-

propriation collective d'une certaine partie des capitaux, la force de la domination du travail n'en sera-t-elle pas accrue d'une manière notable? La société, en effet, pourra faire concurrence aux propriétaires individuels pour avancer des capitaux aux travailleurs qui en désirent, ce qui abaissera naturellement d'autant l'intérêt que ces propriétaires obtiendront. La conséquence directe de cette nouvelle appropriation collective sera donc l'élévation du salaire.

Il serait absurde de conclure de là que plus la somme des capitaux appropriés collectivement serait considérable, et plus la liberté du travail prendrait d'extension. Si, par exemple, on étendait cette communauté à tous les capitaux, — ce qui est le but cherché par le communisme absolu, — qu'en résulterait-il ? Il n'y aurait plus de salaire, puisque le salaire est une propriété individuelle; et il n'y aurait plus de travail proprement dit, puisqu'on ne travaille qu'en vue du salaire. Bien loin donc que la liberté du travail fût portée, par cette mesure, à son *maximum*, le travail serait anéanti. La société ne serait plus qu'une vaste ruche, et le prétendu travail, un pur fonctionnement.

Ainsi une fraction seulement de la matière mobilière doit faire partie de la propriété collective, de façon que les capitaux affectés à l'appropriation individuelle soient assez importants pour fournir une excitation suffisante au travail.

Les prêts sociaux, rendus possibles seulement

par l'appropriation collective des capitaux, renforcent donc la domination du travail. Mais il est également vrai de dire que les emprunts sociaux aggravent considérablement son exploitation. Ils vont jusqu'à rendre esclave le travail des générations futures, ce qui est le *nec plus ultrà* de la domination de la matière. J'ai montré au chapitre XII comment cela a lieu. Inutile par conséquent de s'appesantir davantage là-dessus.

La dot sociale, ou l'avance que chacun recevra de la société, sous la souveraineté de la raison, à sa majorité, sera encore, évidemment, un moyen de renforcer la domination du travail. Elle servira à mettre le travailleur, dès le début, en possession d'un capital.

La dot sociale est une espèce particulière de prêt social.

L'autorisation de s'associer, accordée aux propriétaires, rend naturellement la domination de la richesse d'autant plus dure, tout comme les associations de travailleurs donnent plus de force à la domination du travail.

Examinons, en peu de mots, les rapports des diverses espèces d'associations avec l'ordre.

Toute association d'individus, dont les intérêts se transmettent héréditairement, constitue une féodalité.

Sous la théocratie, la féodalité nobiliaire est, au point de vue économique, l'association d'un certain nombre d'individus, en qualité de propriétaires de presque tout le sol national.

Dans l'organisation bourgeoise, la féodalité financière est l'association d'un certain nombre d'individus, comme propriétaires de la presque totalité de la richesse nationale, abstraction faite de foncière ou de mobilière.

Ce ne sont à vrai dire, dans ces deux circonstances, que des associations particulières, ne renfermant qu'une fraction de la société, et constituées dans l'intérêt matériel de quelques-uns seulement. C'est toujours l'intelligence exploitée, tantôt par la féodalité du sol, tantôt par celle de la richesse tant foncière que mobilière.

Dans la société future, l'association sera générale, comprenant tous les membres de la société indistinctement, comme copropriétaires de tout le sol et d'une grande partie de la matière mobilière. Ce sera une véritable féodalité d'une nouvelle espèce, celle de l'intelligence dominant la richesse, féodalité constituée dans l'intérêt de tous.

Évidemment, chacune de ces féodalités est non-seulement exclusive des deux autres, mais même incompatible avec leur existence.

Si, en effet, la théocratie autorisait les capitalistes à s'associer, ils ne tarderaient pas à abuser de la puissance que leur donnerait cette association pour renverser la féodalité nobiliaire, en abolissant l'inaliénabilité des fiefs et l'hérédité du sol par droit de primogéniture.

Si, d'autre part, la démocratie permettait aux propriétaires fonciers de s'associer comme tels,

elle irait directement à l'encontre de son principe; car ces sortes d'associations entraînent
nécessairement après elles la constitution de la
propriété territoriale en fonds appropriés non
individuellement, mais par chaque groupe particulier, et inaliénables, au moins pour un temps
plus ou moins long.

Il est donc indispensable pour chaque forme
sociale d'interdire toute espèce d'association
contraire à son essence, à peine de se voir en
danger de périr.

En conséquence, dans la société future, les
associations ouvrières seront seules autorisées,
tandis que celles des capitalistes seront proscrites.

L'impôt, comme on sait, est toujours rejeté,
par l'élément qui domine, sur celui qui est
esclave. Qu'en résulte-t-il? Que plus l'impôt
est considérable, et plus l'action de l'un des
éléments sur l'autre est énergique. Sous la
domination de la richesse, par exemple, l'accroissement de l'impôt a pour effet nécessaire
une exploitation plus grande du travail, puisque
celui-ci paye tout. Lorsque le travail dominera,
au contraire, l'impôt sera toujours porté aussi
haut que possible, afin d'augmenter d'autant la
liberté du travail. Aussi haut que possible, dis-
je..., avec la réserve, toutefois, qu'il reste assez
de richesse mobilière entre les mains des individus pour suffire à l'excitation au travail.

Enfin, la concurrence sociale aux individus

vient encore puissamment en aide, selon la façon
et le sens dans lequel elle s'exerce, à l'une ou à
l'autre des dominations.

Quand le travail est exploité par la richesse,
par exemple, la société fait quelquefois concurrence aux travailleurs, et ne la fait jamais aux
capitalistes. C'est logique, la société n'étant en
réalité, à cette époque, que la réunion des propriétaires. Et le résultat de cette absence de
concurrence est l'abaissement du salaire.

Quand la richesse sera dominée par le travail,
la société ne fera aucune concurrence aux travailleurs, mais la fera toujours aux capitalistes,
soit pour avancer des capitaux aux travailleurs, soit pour servir d'intermédiaire entre les
producteurs et les consommateurs. C'est encore
logique, puisque la société sera formée de l'ensemble des travailleurs, c'est-à-dire de tous sans
exception. Et le résultat de cette concurrence
d'une part, de cette absence de concurrence de
l'autre, sera l'abaissement du profit ou l'élévation du salaire, par une prédominance plus
grande du travail sur la richesse.

Tels sont les principaux moyens auxiliaires
dont chaque espèce de domination se sert pour
renforcer son action le plus possible.

Résumons ce paragraphe dans ce qui a rapport à la domination du travail.

Par la communauté réelle du sol, le travail
est libre.

Cette liberté se traduit, en pratique, par le

fait que, dans le débat relatif au partage du produit obtenu avec le concours du capital, c'est le travail qui fixe les parts.

L'élévation plus ou moins considérable du salaire, relativement aux circonstances, est la mesure de la domination plus ou moins grande du travail.

Cette domination s'accroît par l'adjonction, au principe fondamental de la collectivité du sol, des mesures suivantes :

Collectivité d'une grande partie des capitaux;

Abolition de la perpétuité de l'intérêt;

Prêts sociaux viagers ;

Dot sociale;

Autorisation de s'associer accordée aux travailleurs; défense aux propriétaires d'associer leurs capitaux;

Importance du montant de l'impôt;

Concurrence sociale aux capitalistes et aux commerçants.

Et n'oublions jamais que la communauté du sol, avec l'ensemble des mesures indiquées, ne constitue qu'une partie de la liberté du travail. L'enseignement social est nécessaire pour la compléter.

§ V. — *Examen de chacune des deux dominations.*

Je me propose maintenant de mettre successivement en rapport avec la domination de la

richesse et avec celle du travail, les points que
j'ai déjà examinés dans cet ouvrage.

La souveraineté.

Si, en fait de production, il y a matière d'une
part, et de l'autre travail ou intelligence; quand
il s'agit d'ordre, on trouve la même opposition :
d'un côté la raison, et de l'autre la force.

Et, dans les deux cas, l'un des éléments doit
être supérieur à l'autre, pour que le résultat
cherché soit obtenu. Le produit ne peut exister
que par la domination de la matière sur l'intelligence, ou par celle de l'intelligence sur la matière; tout comme, dans un autre cercle d'idées,
l'ordre n'a lieu que si la force commande à la
raison, ou si elle est soumise à la raison.

Hors de ces circonstances il y a anarchie :
anarchie économique et anarchie sociale.

L'exploitation du travail est une conséquence
directe de la souveraineté de la force; le travail
ne peut avoir la prépondérance, qu'avec la
souveraineté de la raison.

L'économie.

L'économie politique est l'économie relative
à la division de l'humanité en fractions enne-
mies : c'est l'économie relative à la souveraineté
de la force.

L'économie sociale, au contraire, appartient exclusivement à l'époque où régnera la souveraineté de la raison.

Il en résulte que, pour l'économie politique, la richesse doit exploiter et *toujours* exploiter le travail.

« L'entreprise du capital sur le salaire, dit
» M. Dupont-White, est un fait *nécessaire* et
» *fatal,* le fait qui pénètre, domine et dégrade
» toute libre production. »

D'après Dunoyer, « dans le mode le plus heureux » d'organisation sociale, « il finira *toujours* par arriver qu'il périsse habituellement de misère » un certain nombre d'ouvriers. Cela revient à dire que *toujours* le travail sera exploité.

Et comme si Dunoyer craignait de n'avoir pas été suffisamment compris, il y revient.

« Dans la meilleure organisation sociale, la
» *misère* comme l'inégalité est, dans un certain
» degré, chose *inévitable,* et, comme elle aussi,
» un élément du progrès social (1). Vous dites
» qu'elle est incompatible avec la civilisation?
» Je dis qu'elle en est *inséparable.* Vous trou-
» vez qu'elle est un mal hideux? Ajoutez qu'elle
» est un *mal nécessaire.* »

La misère existera donc toujours. Toujours la richesse dominera le travail.

(1) Singulier progrès social pour ceux qui sont dans la misère. Ou bien la société, pour M. l'académicien, ne se compose-t-elle que des riches, les malheureux ne comptant pas?

« Ce serait s'abuser, a écrit M. E. De Girar-
» din, que d'espérer qu'on puisse JAMAIS *sup-*
» *primer* les classes pauvres et souffrantes. »

Cette opinion est générale. Pour M. Morin,
l'ouvrier isolé, qui ne représente que le besoin
du travail, sera *toujours dominé* par le patron
qui représente la puissance du capital.

Il serait aisé d'apporter des milliers de preuves
à l'appui de la thèse que, pour l'économie politique, la matière dominera toujours le travail.

L'économie sociale, au contraire, soutient que
si cette espèce de domination a été nécessaire
dans le passé, elle devient impossible et devra
céder la place, dans un avenir prochain, à la
domination du travail sur la richesse.

La distinction entre l'homme et les choses.

Pour que la domination du travail, de l'intelligence, de l'homme enfin, sur la matière, soit
possible, un premier point est indispensable :
il faut qu'il existe une différence de nature
entre l'homme et la matière; autrement dit, que
l'homme ne soit pas exclusivement matériel.
Ceci admis, un second point n'est pas moins
important : il faut savoir distinguer, quand on
se trouve en présence d'un être, si l'on a affaire
à un membre de l'humanité, à un être intelli-
gent, ou à une chose, à un animal ne possédant
que l'apparence de l'intelligence.

Hors ces deux points, le premier relatif à la

théorie, et le second, à la pratique, la domination du travail sur la richesse est radicalement impossible.

Qu'arriverait-il, en effet, si l'homme était tout matériel? Dans cette hypothèse, celui qui possède doit nécessairement dominer celui qui n'a rien; car il y a peu de matière ici, et beaucoup là. Or la masse l'emporte. Alors un imbécile, les poches pleines d'or, est plus fort qu'un Newton sans le sou, et le lui fait bien voir en l'exploitant à merci.

Et dans la supposition même qu'il existe une différence essentielle entre l'homme et le reste de la série des êtres, et que la suprématie de l'intelligence sur la matière doive en être le corollaire, on n'en serait pas plus avancé, tant que le second point n'aurait pas été résolu. Aussi longtemps que l'on ignore à quel signe se reconnaît la présence de la sensibilité, source de l'intelligence, comment savoir, quand on se met en rapport avec un être, si on doit le regarder comme notre égal et le traiter en conséquence, ou s'il est licite de le faire servir à la satisfaction de nos besoins? Un prolétaire, un nègre, un animal, un végétal, un minéral, sont-ils intelligents et par conséquent est-il défendu de les sacrifier dans un but d'utilité personnelle, ou est-il permis de les exploiter parce qu'ils sont dénués d'intelligence?

La science actuelle, dans l'impossibilité de répondre pertinemment à ces questions, a pris un parti héroïque : pour elle, l'intelligence est répandue partout, et il est permis d'exploiter tout ce qui est moins fort que soi; ce qui revient, en pratique, à la domination de la matière sur l'intelligence.

L'instruction a pour but de tracer la règle des actions, et d'apprendre comment il faut l'observer. Or l'homme se trouve en rapport, tantôt avec la matière, tantôt avec ses semblables. L'instruction est donc relative, d'une part à l'exploitation de la matière, de l'autre à la conduite à tenir envers l'humanité.

Quand la science n'admet pas de distinction absolue entre l'homme et les choses, quand, pour elle, l'homme est exclusivement matériel, une des deux branches de l'instruction disparaît nécessairement. L'instruction se réduit alors à la manière d'exploiter le mieux les choses et les hommes; et celui qui n'a pas de matière est fatalement soumis à celui qui en possède.

C'est seulement par la distinction absolue entre l'humanité et la matière que les deux parties de l'instruction reparaissent.

La science sociale enseigne le moyen de savoir parfaitement où existe l'intelligence, et où elle n'existe pas; et elle rend possible, de cette façon, la domination du travail sur la matière.

La propriété, les richesses.

Lorsque le capital domine, il prend, dans le produit, la presque totalité, ne laissant au tra-

vailleur que ce qui est indispensable pour soutenir son existence.

D'où il suit que le capitaliste s'enrichit proportionnellement à la grandeur de son capital,
tandis que, sous le rapport matériel, le travailleur
reste au même point. Mais, sous le rapport intellectuel, il rétrograde, puisque ses besoins se
développent graduellement, tandis que ses
moyens d'y satisfaire sont stationnaires.

La conséquence du règne du capital est donc,
comme l'ont parfaitement constaté les économistes, l'augmentation parallèle de la richesse
des uns, et de la misère des autres.

Lorsque le travail domine, il prend, dans le
produit, la presque totalité, ne laissant au capitaliste que ce qui peut le déterminer à capita-
liser.

D'où il arrive que le travailleur s'enrichit en
proportion de son travail, pendant que le capitaliste, comme tel, reste au même point. Mais le
capitaliste, en qualité de travailleur, peut gagner ; cela ne dépend que de lui.

Le résultat de la suprématie du travail est
donc l'augmentation de la richesse chez tous,

Le travail, la main-d'œuvre.

Lorsque le capital domine, réduction de
main-d'œuvre est synonyme de baisse de prix
du travail, baisse du salaire.

Si alors, par un artifice quelconque, par

l'usage d'une machine, par exemple, celui qui faisait tel ouvrage dans une journée, peut en faire le double, cet ouvrage lui est payé la moitié moins, ou le prix de la journée reste le même.

Lorsque le travail domine, réduction de main-d'œuvre signifie hausse de salaire.

Celui qui parvient, en effet, à faire en une demi-journée ce qui exigeait d'abord une journée entière, exigera et obtiendra pour cette demi-journée le même salaire qu'il recevait antérieurement; parce qu'il peut se passer du capitaliste individuel, et que celui-ci ne peut se passer du travailleur.

L'échange.

Le capital domine lorsque la presque totalité de la matière est appropriée individuellement.

Alors il existe des travailleurs n'ayant rien... que le besoin de manger.

Et comme ils ne possèdent rien pour échanger contre ce qui est indispensable à la satisfaction de ce besoin, ils sont obligés de se livrer eux-mêmes en échange.

Or, cet échange étant forcé de leur part, il en résulte qu'ils doivent donner beaucoup de travail pour obtenir peu de capital.

En d'autres termes : sous la domination de la matière, une minime quantité de capital paye beaucoup de travail, équivaut à beaucoup de travail; ou la valeur du travail, estimée en capital, est fort peu considérable.

Le travail domine quand le sol est approprié collectivement.

Alors, il n'existe plus de travailleurs n'ayant rien. Ils possèdent tous, au moins la quantité de matière indispensable pour pouvoir vivre sans être exploités. Ils ne sont donc plus contraints de livrer leur travail, c'est-à-dire de s'offrir eux-mêmes en échange du capital nécessaire à la conservation et au développement de l'existence.

Il y a toujours échange de travail contre matière, mais cet échange n'est plus forcé de la part du travailleur. Il l'est, au contraire, pour celui qui veut tirer profit de son capital, sans travailler lui-même. Aussi arrive-t-il que c'est au tour du capitaliste de devoir donner beaucoup de matière pour avoir peu de travail.

Pour s'exprimer différemment : sous la domination du travail, peu de travail équivaut à beaucoup de matière, ou bien, la valeur du travail, estimée en capital, est très-considérable.

Le crédit.

C'est le plus fort des deux éléments de production qui impose, naturellement, le crédit au plus faible.

Ainsi, sous la domination du capital, c'est le travail qui fait crédit, parce qu'il ne peut pas agir autrement. Le salaire n'est, presque généralement, payé que huit ou quinze jours après que le travailleur a donné sa peine.

C'est aussi le plus fort des deux éléments qui garde le produit pour lui et qui paye le plus faible. Actuellement c'est le capitaliste, le maître, qui salarie l'ouvrier.

Lorsque le travail domine le capital, celui-ci doit faire crédit à celui-là. C'est le travailleur qui, alors, garde le produit pour lui, et solde l'intérêt au capitaliste, quand il s'agit d'un prêt, ou lui paye le profit qui lui revient sur le produit.

Quel est, en définitive, l'élément actif dans la production? Est-ce le capital qui fait valoir le travail, ou le travail qui fait valoir le capital? Et n'est-il pas dès lors rationnel de voir le travailleur rétribuer le capitaliste? Le contraire ne se conçoit que durant une époque sociale où tout est à rebours de la justice absolue.

L'hérédité.

Avec la domination du capital, les classes, en devenant héréditaires, se transforment nécessairement en castes.

Quelle est la cause, en effet, d'où dépend le placement d'un individu plutôt dans telle classe que dans telle autre, sous la domination du capital, sous le règne de la force? C'est, presque sans exception, la situation des parents. Les

enfants de ceux qui sont riches reçoivent, généralement, tous les développements intellectuels
dont leur cerveau est susceptible, tandis que les
enfants pauvres restent dans leur ignorance
native. Voilà pour l'un des côtés de la question.
Quant au côté matériel, comme on ne gagne, à
cette époque, qu'en proportion de ce que l'on
possède déjà, voilà les enfants de ceux qui n'ont
rien dans l'impossibilité de sortir de l'état de
misère dans lequel leurs parents ont croupi.

Ainsi, tant à l'intellectuel qu'au matériel, la
classe pauvre, comme la classe riche, passe à
l'état de caste, en se perpétuant par suite de
l'hérédité de condition de ses membres.

Avec la domination du travail, au contraire,
un individu ne se trouve placé dans telle ou
telle condition sociale que par sa volonté,
ou son organisation : deux causes complétement
individuelles. L'acquisition des connaissances
est, alors, indépendante de la condition des
parents, tout comme la quantité des capitaux
que l'on peut gagner est indépendante de
celle que l'on avait déjà.

Ainsi, la richesse intellectuelle et matérielle
de chacun n'a plus aucun rapport avec le plus
ou moins de bien-être des parents, et les classes,
alors relatives, non à la richesse et à la pauvreté,
mais bien au plus ou moins de richesse, sont
devenues intransmissibles héréditairement, et
restent classes.

La consommation. Le bien-être.

Le bien-être est en raison direct de la possibilité de consommer. Et cette possibilité se trouve dans le même rapport avec la proportion plus ou moins grande du produit que chacun des éléments de la production est capable de racheter.

Voyons les deux seuls cas possibles, relativement à l'espèce d'élément qui domine.

Avec l'esclavage du travail, le salaire est fixé par le capital. Il est nécessairement au plus bas. Le travailleur ne peut racheter que la plus minime partie du produit auquel il a concouru. Et comme la diminution du prix d'un objet a toujours lieu aux dépens du salaire, moins un objet est cher, et moins le travailleur peut s'en procurer.

Au contraire, avec l'esclavage du capital, le salaire, étant fixé par le travail, est toujours au plus haut des circonstances. Le travailleur peut alors racheter une plus grande partie du produit obtenu avec le concours du capitaliste. Et puisque dans ces circonstances, l'augmentation du prix des objets est la conséquence nécessaire de l'augmentation du prix du travail, plus un objet est cher, et plus le travailleur est capable de pouvoir s'en procurer.

Ainsi, avec la domination du capital, la consommation, de la part des travailleurs, est pour ainsi dire nulle. Les capitalistes seuls consom-

ment à proprement parler, ont seuls du bien-
être. Avec l'esclavage du capital, les travailleurs
consomment au *maximum*, jouissant du bien-
être proportionnellement à leur travail. Or tous,
capitalistes ou non, étant travailleurs, la consommation et le bien-être sont donc, à cette
époque, universels.

§ VI. — *Quand la domination de la matière sur le*
travail, ou celle du travail sur la matière, est-elle
possible et nécessaire?

La domination du travail est possible seulement, — j'ai déjà attiré l'attention là-dessus, —
lorsque la distinction absolue entre l'homme et
les choses a été rendue incontestable.

Hors cette condition, il n'y a de praticable
que la domination de la matière. Dans l'hypothèse même que cette distinction fût admise
comme article de foi, ainsi qu'il en est pendant
la période sociale où règne le sophisme des révélations, la domination du travail ne pourrait
avoir lieu. Pour retarder le plus possible le renversement de la foi par l'examen, ne faut-il pas,
en effet, que la grande majorité soit obligée à
un travail incessant pour vivre, ne lui laissant
pas le loisir de penser? Or, cette situation exige
impérieusement l'exploitation du travail.

La domination de la richesse existe donc nécessairement durant les deux premières périodes
de l'histoire de toute humanité : celle de foi

religieuse avec compressibilité de l'examen, et celle de scepticisme, quand l'examen a détruit la foi religieuse. Avec cette différence toutefois, que, durant la première période, cette domination est possible, et favorable au maintien de l'ordre, tandis que pendant la seconde elle devient de plus en plus difficile et anarchique, l'examen en ayant démontré l'injustice à ceux qui en souffrent.

C'est seulement lors de l'avénement de la souveraineté rationnelle que la domination du travail peut prendre la place de la domination de la matière. Elle devient, en même temps, et possible et nécessaire : possible, parce que la distinction absolue entre l'humanité et la matière a été révélée par la science ; nécessaire, parce que la prédominance de l'un de ces éléments sur l'autre est fatale, et que celle de la matière est désormais impossible.

CHAPITRE XVI.

LA RÉPARTITION DES RICHESSES.

---

§ I. — *Les différentes espèces de répartition.*

Il faut subdiviser l'idée de répartition ou de distribution, bien compréhensible du reste, relativement à ce qui est réparti, puis à l'espèce de répartiteur, enfin à la façon dont la répartition a lieu.

Pour ce qui regarde le premier point, comme il est ici question des richesses, j'aurai à considérer autant d'espèces de répartition qu'il y a d'espèces de richesses.

J'examinerai donc successivement :

La répartition de la richesse matérielle primitive;

Celle des richesses matérielles produites, mobiles;

Et celle des richesses figurément dites, ou des connaissances.

J'étudierai ensuite simultanément les répartitions personnelle et impersonnelle, la répartition selon la force, et celle selon la justice ou la raison.

§ II. — *La répartition de la richesse matérielle primitive.*

La richesse matérielle primitive, c'est la richesse qui ne dérive pas primitivement du travail; c'est le sol, la planète sur laquelle nous vivons.

La question de la répartition du sol est une de celles dont ne s'inquiète pas l'économie politique.

La raison en est claire.

L'économie politique, — je l'ai fait voir au chapitre II, — ne s'occupe que du fait; elle laisse le droit dans l'oubli. En un mot, elle expose *ce qui est;* elle ne cherche pas *ce qui doit être.* Dès lors, comment devait-elle se comporter à l'égard du problème qui nous intéresse? De la façon la plus simple du monde : il fallait ne pas même le poser.

Et c'est ainsi, effectivement, que l'économie politique a agi. Elle a trouvé la répartition du sol toute faite. Elle a essayé plutôt de la justifier que de la critiquer. Puis, partant de là, elle n'a plus eu à traiter que de la distribution des richesses matérielles produites, laquelle, ainsi que je le montrerai plus loin, est la conséquence nécessaire de celle du sol.

Mais l'économie sociale, recherchant ce qui doit être pour l'existence de l'ordre, est obligée de prendre souci de la répartition du sol; et c'est ce qu'elle fait.

Le sol, qui est toujours approprié, peut l'être, soit domestiquement, soit collectivement ou au profit de tous.

Dans le premier cas, les uns ont du sol, les autres en sont privés. Il arrive même parfois, — et cela s'observe dans une grande partie de l'Orient, — que tout le sol national est la propriété d'un seul.

Dans le second cas, tous ont une part égale et indivise dans le sol.

Maintenant, que faut-il pour que la première espèce de répartition du sol subsiste, *quant aux familles propriétaires, et quant au nombre de parts?*

La partie de planète appropriée par telle personne doit être inaliénable et transmissible, après sa mort, exclusivement par ordre de primogéniture.

En effet :

Si, lorsque les uns sont propriétaires fonciers tandis que les autres ne le sont pas, il est permis de vendre sa part, les titulaires changent, bien que le sol reste approprié individuellement.

Et, en même temps, s'il est permis, s'il est même obligatoire de transmettre sa propriété foncière par parts égales à ses enfants, le nombre des parts varie, bien que le sol reste approprié individuellement.

Ces circonstances se rencontrent dans l'organisation bourgeoise de la propriété.

Si, au contraire, le sol est le privilége de certaines familles, ou mieux, si les propriétés foncières sont déclarées inaliénables, et transmissibles seulement à l'aîné, le nombre des parts reste approximativement fixe, et chacune d'elles demeure la propriété de la même famille.

Ces circonstances existent avec l'organisation féodale de la propriété, et la constituent essentiellement.

On comprend que, par cette *inaliénabilité* et cette *indivisibilité* des parts foncières, l'organisation matérielle féodale est beaucoup plus stable que l'organisation matérielle bourgeoise. Il ne peut s'y faire, en effet, que des changements de minime importance relativement à la manière dont le sol est partagé, et aux familles auxquelles il appartient. L'organisation bourgeoise facilite, au contraire, le morcellement d'une portion du sol, et la concentration de l'autre dans le moins de mains possible.

« C'est par la *division* et la *vente,* remarque » fort justement Proudhon, que l'accapare- » ment (du sol) est rendu possible. »

Lorsque l'appropriation collective du sol est réelle, les deux conditions qui constituent l'organisation féodale existent de nouveau, mais modifiées par la manière nouvelle dont le sol est approprié.

Ainsi :

La propriété du sol est redevenue inaliénable; cela se comprend. La société, en effet, est le seul propriétaire foncier possible. A qui pourrait-elle donc vendre? D'un autre côté, considérant chaque individu comme copropriétaire du sol, il est clair que si l'on avait la permission d'aliéner, l'appropriation collective cesserait le jour même où il aurait plû à quelqu'un de céder sa part.

Il en est de la seconde condition comme de la première. Le propriétaire foncier étant unique, puisqu'il est devenu collectif, la propriété foncière est nécessairement indivisible par succession; chaque génération hérite, de celle qui la précède, la propriété foncière dans sa totalité.

La richesse matérielle primitive présente donc deux modes bien distincts de répartition, suivant qu'elle appartient à quelques-uns individuellement, ou à tous collectivement; et le premier mode se divise lui-même, selon que les lots sont aliénables et divisibles, ou inaliénables et indivisibles.

§ III. — *Le répartiteur des richesses est-il, doit-il être personnel, ou impersonnel ?*

Un répartiteur *personnel*, c'est un être ayant conscience, c'est un homme distribuant à chacun ce qu'il juge devoir lui revenir.

Lorsque, au contraire, chacun reçoit ce qui lui revient, en vertu d'une règle ou d'une loi, sans aucune intervention humaine, alors il y a répartition *impersonnelle*.

Ces définitions sont claires, à part une indétermination qu'il importe de faire disparaître : je veux parler de *ce qui doit revenir à chacun*.

Comment savoir, en effet, ce que doit être la part de chacun ? A quoi faut-il qu'elle se proportionne ? D'après quels principes le répartiteur personnel peut-il se conduire, ou est-il obligé de se conduire ?

C'est en éclaircissant cela que je vais arriver à de nouvelles espèces de répartition.

Suivant que les richesses attribuées à chacun se proportionnent à ce qu'il possède déjà, ou à son travail, la répartition a lieu *selon la force*, ou *selon la justice, la raison*. Enfin, les richesses peuvent encore être distribuées *nécessairement* ou *arbitrairement*, c'est-à-dire uniquement d'après la volonté du répartiteur.

Ceci étant admis, mettons en rapport les différentes espèces de répartition.

Il ne peut y avoir répartition arbitraire que

dans le cas d'un répartiteur personnel, c'est évident. Le répartiteur impersonnel, que ce soit la force ou la raison, n'ayant pas de volonté proprement dite, la distribution des richesses a lieu alors nécessairement.

Mais il y a plus.

Un répartiteur personnel ne peut même pas distribuer les richesses autrement que d'une façon arbitraire. En effet, voulût-il en donner à chacun, proportionnellement à ce qu'il possède déjà, le répartiteur devrait d'abord commencer par connaître, à chaque instant, la situation de fortune de tous. Conçoit-on la mise en pratique d'une pareille idée? Et ce serait encore bien pis s'il s'agissait, pour le répartiteur personnel, de faire la distribution des richesses conformément à la raison, proportionnellement au travail de chacun. Où est le mètre propre à mesurer les quantités de travail? Mais ne nous étendons pas davantage sur une absurdité évidente.

Appliquons ce qui précède à la répartition du sol.

Lorsque le sol a été approprié individuellement, c'est le plus fort qui s'est emparé de ce qui lui convenait, laissant aux autres ce dont il n'avait pas besoin. La distribution du sol a donc été faite par un répartiteur personnel.

Lorsque le sol entrera à la propriété collective, ce sera par l'ordre de la raison, répartiteur impersonnel. N'est-ce pas la raison, en effet, qui aura démontré la conformité de cette nouvelle répartition avec la justice absolue?

Recherchons maintenant s'il faut, pour la distribution des richesses secondaires ou produites, un répartiteur personnel ou impersonnel.

Dans l'hypothèse d'un distributeur personnel, on arrive à reconnaître, pour la mise en pratique de ce mode de répartition, la nécessité d'un despotisme tellement violent, tellement concentré, que la possibilité ne s'en conçoit guère, ou plutôt, que l'impossibilité s'en conçoit immédiatement. Le répartiteur devrait être le seul maître, l'unique propriétaire; tous les autres seraient ses esclaves, travaillant exclusivement pour lui, et salariés, par lui, proportionnellement à leur travail, ou mieux, conformément à sa volonté.

Excluons donc ce mode de distribution, mode arbitraire, et il restera la répartition impersonnelle des richesses produites, répartition se faisant nécessairement, suivant certaines lois qu'il s'agit maintenant de chercher et de découvrir.

C'est ce qui fera le sujet du paragraphe suivant.

§ IV. — *Les lois de la répartition des richesses matérielles produites.*

Voyons d'abord s'il est possible de concevoir plusieurs modes de distribution des richesses.

J'examinerai ensuite leurs résultats, puis les rapports qui relient les répartitions des produits avec celles de la richesse primitive.

Il faut admettre tout d'abord, — je l'ai déjà indiqué plus haut, — deux modes absolument opposés : les richesses se distribuent proportionnellement, soit à la propriété, soit au travail de chacun, proportionnellement, soit à la force, soit à l'activité de chacun.

Quand les richesses se répartissent proportionnellement à ce que chacun possède, — ce qui s'exprime en disant que le distributeur impersonnel est la force, — elles vont à *quelques-uns*, puisque tous ne possèdent pas, et de ces quelques-uns ce sont les plus riches, toujours les moins nombreux, qui s'enrichissent davantage.

Quand, au contraire, les richesses se répartissent proportionnellement au travail de chacun, — ce qui s'exprime en disant que le distributeur impersonnel est la raison, la justice, — elles vont à *tous*, puisque tous travaillent, et c'est celui qui travaille le plus et le mieux qui gagne davantage.

Dans ce cas, l'acquisition de richesses, par un travailleur, est complétement indépendante de toute matière qu'il pourrait posséder *individuellement*.

Ainsi, lorsque les richesses sont distribuées par la force, la plus grande partie va à la minorité, tandis que la majorité n'en reçoit que la plus petite part; autrement dit, les richesses chez les uns augmentent en proportion de la misère chez les autres.

Mais lorsque les richesses sont distribuées par la raison, personne n'est pauvre; il y a seulement des plus et des moins riches.

Il existe donc deux lois de répartition des richesses produites, et il n'en est que deux possibles, car, en dehors de la force et de la raison considérées comme répartiteurs impersonnels, on ne saurait rien imaginer.

Il reste actuellement à chercher s'il y a un rapport, et dans l'affirmative, à montrer quel rapport existe entre ces deux lois et les deux modes d'appropriation de la richesse primitive.

Quand le sol est approprié individuellement, ceux qui ne possèdent pas de matière sont contraints, par la nécessité de vivre, — je l'ai fait voir assez souvent pour ne pas devoir insister là-dessus, — de se faire concurrence pour louer leurs services;

La part du travail, ou le salaire, est au *minimum* des circonstances, et celle de la matière, ou plutôt des propriétaires de la matière, s'élève au *maximum;*

Les travailleurs sans propriété restent misérables, ou mieux le deviennent davantage, — en raison des développements incessants de leur intelligence, — pendant que les riches deviennent chaque jour plus riches;

Ou enfin, la richesse des uns et la misère des autres croissent sur deux lignes parallèles.

Or, n'est-ce pas là précisément, comme je viens de l'indiquer, la conséquence de la distribution des richesses proportionnellement à la propriété de chacun ?

Ainsi donc, lorsque la richesse primitive est appropriée individuellement, la répartition des richesses produites se fait, nécessairement, d'après la loi de la force.

Quand le sol est la propriété de tous, le salaire, ou la part du travail, se trouve élevé au *maximum* des circonstances, et le profit, ou la part des capitalistes, descend au plus bas possible, aussi des circonstances;

Les travailleurs sans propriété individuelle, — qui n'en sont pas moins en position d'exercer leur activité sur la matière, puisque la société et les capitalistes se font concurrence pour leur en prêter, — gagnent en proportion de leur travail, tandis que le capitaliste qui ne travaillerait pas se ruinerait;

L'enrichissement de chacun est complétement indépendant de son état de fortune préalable;

Il n'y a plus de misère; il y a seulement des plus et des moins riches, la richesse croissant proportionnellement au mérite.

Or, n'est-ce point là le résultat de la distribution des richesses proportionnellement au travail de chacun ?

En conséquence, lorsque la richesse primitive est devenue la propriété de tous, la répartition des richesses produites obéit nécessairement à la loi de la raison, de la justice absolue.

9

Cette conclusion, relativement au rapport qui existe entre la répartition des richesses secondaires, et la distribution de la richesse primitive, était du reste facile à prévoir, pour deux motifs.

D'abord, rappelons-nous que les richesses produites proviennent du travail sur le sol. Il est donc évident que ces richesses doivent aller aux possesseurs de la terre, lorsqu'elle est appropriée individuellement, et aux possesseurs du capital, lorsqu'elle n'est plus inféodée. Tandis que, si le sol est commun, les richesses doivent aller, pour la plus grande partie, à tous.

En second lieu, du moment que la matière première n'est pas collective, c'est que les forts s'en sont emparés; dès lors, il est logique que ce soit encore la force qui répartisse les produits du travail. Mais quand la matière première sera la propriété de tous, ce sera l'effet de la raison; et alors la raison se chargera aussi de la répartition des produits du travail.

§ V. — *Le travailleur doit-il posséder légitimement, rationnellement, en justice absolue, tout ce que son activité a produit? Doit-il pouvoir, en un mot, racheter le produit avec son salaire?*

Comme je l'indique par l'énoncé de ces deux problèmes, dont le second a été soulevé et résolu affirmativement par Proudhon, il s'agit ici, uniquement, de ce qui doit se passer dans

la société régie par la raison. J'ai déjà fait voir
surabondamment, je pense, que, sous la souveraineté de la force, le travailleur n'a, dans le
produit, que la part qui lui est strictement
nécessaire pour pouvoir subsister; quand il
l'obtient, ce qui n'arrive pas toujours.

Ceci étant rappelé, disons que l'on peut
répondre de deux manières opposées aux questions qui sont l'objet du présent paragraphe.

Selon, en effet, que l'on appelle *produit* le
résultat total du travail, — et c'est là le sens
généralement attribué au mot produit, — ou
seulement ce qu'il en reste après que l'on en a
déduit les dettes, le travail n'a pas ou il a la
propriété du produit, il ne peut pas ou il peut
le racheter avec son salaire.

Expliquons cette double réponse.

En quoi consiste, d'abord, la production corporelle, — car c'est seulement à propos de cette
espèce qu'il peut y avoir difficulté?

Dans la création de ce que l'on nomme produit?

Non. Toute création est absurde.

La production consiste exclusivement dans la
modification imprimée à une partie de matière
préexistante.

Mais si cette matière préexistante n'appar-
tenait pas au travailleur, et si elle lui a été
prêtée, le produit doit-il lui revenir tout
entier?

Non évidemment. Une partie doit en retourner, comme indemnité, au propriétaire qui, par

ce prêt, a donné au travailleur la possibilité de produire.

Ainsi, première déduction à faire au produit total, première dette à payer par le travailleur : la rente au propriétaire collectif foncier, ou le profit au capitaliste.

Mais si la société se trouvait menacée d'anarchie, de façon qu'elle ne pût protéger le travail, et qu'elle fût dans l'impuissance de garantir aux individus leur propriété, le travailleur aurait-il été à même de produire? Et si son intelligence n'avait pas été développée par la société, aurait-il été en état de produire? Et si, enfin, il devenait, ou si ses enfants naissaient incapables de travailler, la société devrait-elle le laisser, lui ou ses enfants, mourir de misère?

Non évidemment. Une nouvelle partie du produit doit donc retourner à la société, comme prix de l'ordre, comme salaire de la protection qu'elle accorde au travailleur et au produit.

Ainsi, seconde déduction à faire au produit, seconde dette à payer par le travailleur : l'impôt.

Or, ces deux dettes payées, ce qui reste au travailleur est son salaire, et il en est le légitime propriétaire.

Mais il n'est pas le légitime propriétaire du produit dans son entier, puisque ce produit entier n'est pas dû à lui seul.

Par la même raison, il ne doit pas pouvoir racheter, au moyen de son salaire, le produit total, par l'excellente raison que la partie n'est pas égale au tout.

*§ **VI.** — Quelles sont les parts relatives du travailleur, du capitaliste et du propriétaire foncier, durant les trois époques des développements de l'humanité?*

N'oublions pas une chose essentielle : il n'y a qu'un élément actif dans la production, l'homme ou le travail ; le reste, ou la matière, est élément passif.

Le premier élément doit donc seul compter dans la répartition ; le travail, — remarquons que je ne dis pas le travailleur, — a droit à tout.

Mais il existe plusieurs espèces de travail. La terre représente du travail, le travail fait pour s'en emparer : c'est du travail passé. Le capital représente aussi du travail passé, ou accumulé. Il y a enfin le travail actuel, le travail à faire, le travail dans l'acception ordinaire du mot.

Maintenant, comment le produit doit-il être réparti entre ces trois espèces de travail ?

Disons préalablement que, lorsque le travailleur est seul, le produit lui appartient en entier, en qualité de salaire : c'est évident. Robinson ne payait ni intérêt, ni rente à personne.

Il n'y a lieu à partage que si le produit a nécessité l'intervention de plusieurs personnes.

Mais ici se présentent deux circonstances bien opposées. On peut admettre, soit le cas d'une société régie par la force, soit celui de la société existant sous la souveraineté de la raison. Il est clair que la répartition suivra, dans chacun de

D.

ces deux cas, des règles complétement différentes.

Sous la souveraineté de la force, en effet, ce sont les forts qui prennent la part du lion. Et à quoi se reconnaissent les forts? Qu'est-ce qui prouve la force? La possession de la terre ou du capital, c'est-à-dire, le travail fait, ou passé. C'est donc le travail passé, ou son représentant, le propriétaire de la matière, qui s'empare de la plus grande partie possible du produit. Le surplus sert à faire subsister le travailleur.

Sous la souveraineté de la raison, il en est tout autrement. Le travail passé n'ignore pas qu'il a déjà été rétribué; la possession du résultat de ce travail a été, en effet, son salaire. C'est donc le travail actuel qui doit avoir la plus grande partie du produit, le reste servant de payement au propriétaire de la matière pour le service que le capital a rendu dans la production.

Ainsi, sous le règne de la force, le travail passé se fait payer deux fois.

Lorsque le sol est approprié individuellement, et que les lots sont inaliénables, c'est-à-dire, sous l'organisation féodale de la propriété, les propriétaires fonciers, ou les nobles, sont les plus forts. Les capitalistes leur sont soumis. C'est donc la part du propriétaire foncier qui est la plus grande.

Sous l'organisation bourgeoise, lorsque le sol est approprié individuellement, mais avec autorisation d'aliéner, ce sont les capitalistes qui sont forts. Ils se sont, en effet, soumis les nobles.

Aussi est-ce la part du capitaliste qui l'emporte.

Avec la souveraineté de la raison, le sol est approprié par tous; la rente appartient à tous, elle est dépensée au profit de tous. Elle disparaît donc comme puissance. Et c'est la part du travail, ou le salaire, qui l'emporte à son tour.

§ VII. — *La répartition des richesses figurément dites, ou des connaissances.*

Pour acquérir les richesses matérielles, et puis pour les conserver, les richesses figurément dites ou intellectuelles sont indispensables. A ce point de vue, leur utilité est supérieure à celle des richesses proprement dites.

Mais, pour pouvoir acquérir, conserver et augmenter les richesses tant intellectuelles que matérielles, il faut de l'ordre dans la société.

Il n'est donc pas hors de propos de s'occuper, dans un ouvrage d'économie sociale, de la répartition des connaissances, et, en même temps, de l'influence des connaissances sur l'ordre.

Établissons d'abord quelques principes.

Les connaissances sont de deux sortes, suivant qu'elles se rapportent à la règle des actions, ou à la matière exclusivement. La science morale est dans le premier cas; les sciences physiques, dans le second (1).

(1) La science mathématique elle-même, quant à ses applications, rentre dans cette dernière catégorie.

Les sciences physiques ont pour but la connaissance de la matière, de ses lois, et des moyens d'en tirer le plus grand profit.

La science morale s'occupe exclusivement, comme son nom l'indique, de la morale, c'est-à-dire de la règle des actions, des droits et des devoirs que cette règle implique, de la souveraineté qui la prescrit, et de la justice qui la sanctionne.

Les sciences physiques enseignent à l'homme comment il doit se comporter à l'égard de la matière. La science morale lui indique comment il doit se conduire envers ses semblables.

Ce n'est pas ici le lieu d'entrer dans beaucoup de détails sur la science morale. Je me bornerai à renvoyer le lecteur au chapitre VII, page 55, de mon mémoire sur l'*Instruction obligatoire*. Qu'il me soit permis cependant de rappeler ici, en quelques mots, les points suivants.

La seule morale qui a pour conséquence l'existence de l'ordre est celle qui se base sur l'idée religieuse, parce que la sanction ultra-vitale étant inévitable, ou du moins regardée comme telle, l'observation de la règle est garantie.

La morale irréligieuse ou matérialiste, la morale de celui qui dit : *post mortem nihil*, mène à l'anarchie, parce que la seule sanction dont elle dispose, la sanction sociale, pouvant être évitée par celui qui est assez fort pour se placer au-dessus, elle est incapable de garantir suffisamment l'obéissance à la règle.

Selon que l'idée religieuse s'appuye sur un sophisme tenu pour vérité, ou sur une démonstration réelle, la morale est contestable ou incontestable, et elle a comme résultat un ordre social susceptible d'être renversé par l'examen, ou bien l'ordre imperturbable.

Ce qui précède étant bien compris, je puis continuer.

J'entends par répartition des richesses intellectuelles la manière dont les connaissance se distribuent chez les mineurs d'âge.

Les connaissances se répartissent, soit *domestiquement,* soit *socialement.*

La répartition a lieu domestiquement lorsque le développement de l'intelligence des enfants est laissé aux soins de la famille, au moins sous le rapport des dépenses que ce développement occasionne.

Cette répartition est sociale quand, sous tous les rapports, c'est la société qui se charge du développement intellectuel des mineurs.

Voyons maintenant les conséquences de ces deux espèces de répartition du fonds intellectuel.

Quand cette répartition a lieu domestiquement, le plus ou moins grand développement de l'intelligence des enfants dépend, presque exclusivement, du plus ou moins de richesse des parents. En deux mots, avec ce mode de répartition, la richesse figurément dite est le monopole de la richesse proprement dite : elle est distribuée par la force.

Lorsque, au contraire, la répartition des connaissances se fait socialement, le degré d'instruction des enfants ne dépend plus que de leur degré d'aptitude personnelle à s'instruire, et de leur volonté. Avec cette espèce de répartition, les richesses intellectuelles ne sont plus monopolisées : elles sont distribuées par la raison.

Examinons de plus près la répartition domestique du fonds intellectuel.

Avec cette répartition, les connaissances sont, il est vrai, le monopole de la richesse; mais cela a lieu spécialement pour celles qui sont relatives à la matière ou qui proviennent des développements de l'examen. Les connaissances morales sont, autant que possible, réparties à tous, afin d'enseigner à tous la règle, sa sanction, les droits et les devoirs, plus particulièrement les droits aux uns et les devoirs aux autres, pour prédisposer l'immense majorité à obéir, et à supporter son sort avec résignation.

Aussi longtemps que la répartition des connaissances se fait domestiquement, l'éducation, sous le rapport moral, dépend entièrement de l'espèce d'instruction possédée par le chef de la famille.

Tant que, par la possibilité de comprimer l'examen, cette instruction est conforme à la révélation, l'éducation reste religieuse.

Mais à mesure que l'instruction des pères

réussit à se soustraire au joug de la révélation, l'éducation s'en ressent de plus en plus, pour devenir enfin complétement irréligieuse ou matérialiste.

Ce changement dans la direction donnée à l'enseignement moral des mineurs date du moment où l'inquisition devient impuissante.

Ceci posé, disons qu'il y a deux variétés dans la répartition domestique des connaissances.

De deux choses l'une, en effet :

Ou le développement de l'intelligence des enfants, tout en étant abandonné, sous le rapport matériel, aux soins de la famille, reste soumis, sous le rapport intellectuel, au contrôle social, exercé par le clergé;

Ou bien la société n'exerce plus aucune surveillance, et la famille, ou mieux son chef, est complétement libre de diriger l'intelligence de ses enfants dans le sens qui lui plaît. Il y a alors ce que l'on a nommé la *liberté de l'enseignement.*

Quand la société ne se mêle plus de ce que l'on enseigne aux mineurs, c'est évidemment qu'elle ne peut agir autrement. Car la société n'a qu'une chose à faire, maintenir l'ordre; elle ne peut donc permettre que l'on inculque aux nouvelles générations une morale matérialiste qui aurait pour résultat de rendre toute société impossible; et, quand elle le tolère, c'est que la nécessité l'y contraint.

Comment cette nécessité s'établit-elle?

Aussitôt que les pères de famille cessent de croire aux dogmes prétendus révélés, l'éducation des enfants devient promptement irréligieuse, et l'instruction donnée domestiquement subit la même transformation. C'est immanquable, et nul ne saurait s'y opposer.

Mais, — et c'est là un point très-digne d'attention, — les gouvernants eux-mêmes se voient bientôt obligés, bien malgré eux, de répandre l'irréligion, au moyen de l'instruction publique qu'ils dirigent. Car les sciences physiques, dans leurs progrès incessants, finissent par démontrer, d'une manière en apparence incontestable, qu'il n'y a aucune différence essentielle, ou de nature, entre l'homme et les autres êtres; d'où il suit que tous les professeurs, même dépendant du gouvernement, propagent le matérialisme, le sachant ou sans le savoir.

Voilà où nous en sommes arrivés de nos jours, et il est de toute impossibilité qu'il en soit autrement, étant donné l'état actuel de la science.

Mais lorsque la société est capable de faire donner aux intelligences des mineurs, au moyen d'une morale religieuse, une direction uniforme tendant à empêcher l'anarchie, elle n'y manque pas; toujours pour atteindre le seul but qu'elle doive rechercher : le maintien de l'ordre.

Et en s'opposant, quand elle le peut, à la liberté de l'enseignement, la société est si évidemment dans le vrai, qu'un démocrate, un proudhonien, un partisan de l'absence d'autorité, M. De Flotte enfin, a été contraint de le confesser.

« L'Eglise, a-t-il écrit, ne se contenta pas
» d'enlever au père le droit de justice, elle se
» réserva le droit de surveiller l'éducation mo-
» rale de l'enfant. *Cela était parfaitement légi-*
» *time ;* elle n'admettait pas plus qu'un homme
» eût le droit de damner son fils, qu'elle n'ad-
» mettait qu'il eût le droit de le tuer. Bien plus,
» en raison de sa doctrine spiritualiste, si elle
» s'en remit au père des soins hygiéniques, elle
» ne s'en remit qu'à elle-même du soin d'en-
» seigner l'idée religieuse.

» Quoi qu'on eût dit, ce fut un immense pro-
» grès dans la voie de la liberté réelle.

» Il faut en vérité vivre dans un temps où
» toutes les idées sont perverties par de misé-
» rables sophistes, pour qu'on ait osé considérer
» la liberté d'enseignement absolue, c'est-à-dire
» le droit pour un homme d'abrutir un enfant,
» comme une véritable et légitime liberté.

» Ce fut une des plus grandes gloires du ca-
» tholicisme que d'avoir nettement proclamé le
» droit de l'enfant à connaître la vérité, quelle
» que fût à ce sujet la volonté d'un autre être,
» que cet autre fût un père ou un étranger.

» C'est avec un profond sentiment du droit et
» de la justice, que l'Eglise fit ainsi de l'esprit
» et du cœur des jeunes générations l'objet de
» sa sollicitude, et sut arracher l'âme des enfants
» à toute autorité capricieuse ou ennemie, en
» lui donnant pour sauvegarde et pour protec-

» teur la souveraineté sociale tout entière. »

Il en sera absolument ainsi dans la société future, quand la répartition des richesses intellectuelles aura lieu socialement. Seulement, cette répartition ne se bornera plus, alors, aux connaissances relatives à la règle des actions; elle s'étendra à toutes indistinctement.

En résumé, il y a trois modes distincts do répartition de la richesse intellectuelle, différant entre eux suivant que le répartiteur est la force ou la raison, et que le résultat du développement intellectuel est hiérarchique ou anarchique.

. Ces trois modes sont :

1° La répartition domestique sous la surveillance sociale, ayant pour résultat le développement intellectuel complet de la minorité, et un enseignement moral contestable chez tous : c'est-à-dire l'ordre par le sophisme;

2° La répartition domestique en l'absence de la surveillance sociale, ayant pour effet le développement complet des intelligences de la minorité seulement, et la diffusion des principes dissolvants chez tous : d'où l'anarchie;

3° La répartition sociale ayant pour conséquence le développement intellectuel de tous au *maximum* possible, en même temps que l'inculcation à tous de la science morale incontestable : c'est-à-dire l'ordre par la vérité.

§ VIII. — *Les conditions sociales. Les classes et les castes.*

J'ai déjà défini ces expressions au § vi du chapitre XIV; je me répéterai pour la facilité du lecteur.

La *condition sociale*, c'est la position que l'on occupe dans la société, sous le rapport des richesses intellectuelles et matérielles.

Tous les individus qui sont à peu près de la même condition sociale constituent, par leur ensemble, une *classe*.

Et lorsque les conditions sociales se transmettent héréditairement, les classes s'immobilisent et deviennent des *castes*.

L'égalité des conditions est-elle possible? est-elle rationnelle? C'est ce que je vais examiner en recherchant d'où provient l'inégalité des conditions.

L'acquisition des richesses intellectuelles est proportionnelle :

A la volonté;

A l'organisation cérébrale, aux aptitudes, aux connaissances que l'on a déjà;

Et, quelquefois, à la position sociale des parents.

Dans les deux premiers cas, le développement de l'intelligence dépend de la personne même; dans le troisième, il procède de l'organisation sociale.

L'acquisition des richesses matérielles est, de même, relative :

A la volonté;

Aux connaissances, aux aptitudes;

Et, quelquefois, à la position sociale, aux richesses matérielles déjà obtenues.

Dans les deux premiers cas, encore une fois, l'augmentation des richesses dépend de la personne même; dans le troisième, il n'en est plus ainsi, et, comme je le ferai voir plus loin, cette augmentation est le résultat de l'organisation sociale.

Or, y a-t-il deux personnes voulant avec la même énergie, possédant les mêmes aptitudes, ou présentant des développements intellectuels identiques, etc. ?

Les conditions sociales, tant matérielles qu'intellectuelles, sont donc nécessairement inégales.

Avec une organisation sociale semblable à celle qui a existé depuis l'origine de l'humanité, il en est réellement ainsi, et cette thèse n'a nul besoin de plus ample démonstration. Mais, pour le cas de la société régie par la souveraineté de la raison, des développements plus étendus ne seront pas de trop.

Avant de les fournir, néanmoins, disons quelques mots sur la position sociale acquise, considérée comme ayant parfois pour effet l'inégalité héréditaire des conditions, et par conséquent la transformation des classes en castes.

Du moment que la répartition des richesses

intellectuelles est abandonnée aux chefs de famille, la position sociale des parents agit, tant sous le rapport matériel et intellectuel que moral, sur le degré du développement intellectuel des enfants, et se trouve ainsi être la cause de l'inégalité intellectuelle des conditions, dans la génération qui s'élève.

Mais, — et c'est également vrai, — par suite de l'appropriation individuelle du sol, la répartition des richesses matérielles a lieu proportionnellement à la fortune de chacun, et la position acquise influe grandement sur la facilité que l'on trouve à s'enrichir. Cette position produit donc l'inégalité matérielle des conditions.

Et comme ces deux causes proviennent de l'organisation sociale, il est juste de dire que celle-ci est, sous la souveraineté de la force, une des causes primitives de l'inégalité des conditions.

Il n'y a rien de pareil sous la souveraineté de la raison.

La répartition des richesses intellectuelles est alors, en effet, sociale, complétement indépendante, par conséquent, de la position de fortune ainsi que du développement intellectuel des parents.

L'acquisition des richesses matérielles est, à son tour, absolument indépendante du degré de richesse des parents du travailleur, ou de celle du travailleur lui-même, la répartition de cette espèce de richesse se faisant proportionnellement au travail.

Quelles que soient les inégalités entre les conditions, elles ne peuvent donc plus se transmettre héréditairement; elles ne sont plus imputables à l'organisation sociale : la responsabilité doit en remonter exclusivement aux individus.

Revenons maintenant à la question qui a déjà été examinée plus haut, mais un peu superficiellement : celle de savoir si l'égalité des conditions, sous la souveraineté rationnelle, est possible, et si elle est juste.

J'ai montré que l'acquisition des richesses intellectuelles dépend, si l'on se borne aux causes personnelles, de la volonté et des aptitudes; et c'est ce qui existera à cette époque.

Donc, en supposant même que l'égalité d'organisation cérébrale pût exister, il y aurait encore inégalité dans les développements intellectuels.

Et, en partant de l'égalité de volonté, — hypothèse plus absurde, si c'est possible, — il y aurait encore toujours inégalité dans l'acquisition des connaissances.

Ainsi, dans la société future, — où cependant les intelligences des mineurs seront cultivées socialement avec des soins égaux, — il y aura inégalité de condition sous le rapport de la richesse intellectuelle.

Il en sera encore ainsi pour la richesse matérielle.

L'acquisition des richesses matérielles sera, alors, exclusivement relative à la volonté, au degré d'intelligence et aux aptitudes. Donc, avec l'égalité de volonté ou de développement intellectuel ou organique, il y aurait encore inégalité dans la production.

Ainsi, même dans la société future, — dans laquelle, cependant, tous seront socialement égaux quant aux moyens de travail, — il y aura inégalité des conditions sous le rapport de la richesse matérielle.

L'égalité des conditions n'est donc possible sous aucun rapport dans la société régie par la raison. Il y a plus : elle serait injuste. D'abord, dès que l'inégalité des conditions existe fatalement sous la souveraineté rationnelle, elle ne peut pas être injuste ou illogique; c'est évident. Ensuite, serait-il juste que le paresseux obtînt le même résultat que l'homme actif; que celui dont l'organisation est défectueuse arrivât au même but que celui dont l'organisation est parfaite?

Concluons, en terminant, que les classes n'appartiennent pas exclusivement aux sociétés vivant sous le règne de la force. Il y en aura aussi dans la société future, car les classes sont la conséquence nécessaire de la liberté, de la volonté, de la justice.

Seulement, avec la force comme souveraine, les causes de l'inégalité des conditions sont les unes personnelles, l'autre sociale; tandis que, avec la raison comme souveraine, la cause sociale disparaît : l'individu est seul responsable.

Chacun sait alors que s'il est moins instruit ou moins riche qu'un autre, c'est sa faute, et non celle de la société : soit qu'il ait négligé de se donner une peine suffisante, soit que son organisation ne lui ait pas permis d'arriver aussi loin. Dans le premier cas, l'infériorité de sa condition provient du mauvais usage de sa liberté durant la vie actuelle; dans le second, du mauvais usage de sa liberté durant une existence antérieure, puni dans l'existence actuelle par une moindre perfection de son organisme.

§ IX. — *Rapport nécessaire entre la répartition des richesses matérielles et celle des richesses intellectuelles, pour que l'ordre existe.*

Lorsque, dans une société, il y a des individus pauvres, matériellement parlant, et qui, en même temps, possèdent un certain développement intellectuel, ces individus ont une tendance presque invincible à attribuer leur mal-être à l'organisation sociale exclusivement, quelle que soit leur part de responsabilité.

L'ensemble de ces individus constitue une classe, puis, par l'hérédité, une caste, toujours dangereuse pour l'ordre; car, entre regarder la société comme la cause de ses maux, et s'efforcer de la bouleverser, il n'y a guère que la distance qui sépare la théorie de la pratique; et elle est bientôt franchie.

Cette classe est donc composée de révolutionnaires, usant de toute leur activité pour renverser l'ordre établi.

Afin d'éviter, autant que possible, la formation d'une pareille classe, et de donner ainsi à l'ordre la stabilité la plus grande, il faut faire en sorte que les mêmes personnes possèdent les richesses intellectuelles et matérielles, c'est-à-dire qu'il y ait harmonie entre l'intelligence et la propriété.

A cet effet, il faut la réunion des trois circonstances suivantes.

Ceux qui sont privés presque entièrement de richesse matérielle doivent être sevrés, en même temps, de toute participation à la richesse intellectuelle;

Ceux qui sont riches sous le rapport matériel doivent jouir seuls des connaissances acquises;

Enfin, — et ce point est fort important, — ceux qui possèdent la richesse matérielle et intellectuelle doivent ne pas pouvoir perdre leur fortune, tomber dans la classe des misérables, et devenir des révolutionnaires.

Appliquons ces données aux trois époques de l'histoire de toute humanité possible.

Sous la souveraineté de droit divin, le sol appartient aux individus, et la propriété foncière étant organisée féodalement, les fonds territoriaux sont inaliénables et indivisibles. Voilà pour la répartition des richesses matérielles. Quant à celle des connaissances, elle se fait domestiquement et sous la surveillance sociale.

Il en résulte, — je l'ai montré surabondamment, — que la majorité a, en partage, le moins possible de richesses matérielles et intellectuelles, pendant que la minorité jouit de la plus grande partie des richesses des deux espèces.

Donc, sous le double rapport de l'intelligence et de la propriété, la société se divise alors en deux classes, ou mieux en deux castes, celle qui n'a rien ou presque rien, et celle qui a tout ou presque tout.

Et de plus, par le fait de l'inaliénabilité et de l'indivisibilité des propriétés terriennes, le passage d'un individu de la caste propriétaire à la caste sans propriété est presque impossible.

Aussi cette première période est-elle une période de tranquillité, relativement à celle qui va suivre. Il y a harmonie entre l'intelligence et la propriété. Il y a ordre sans liberté, c'est-à-dire despotisme.

Sous la démocratie, le sol appartient encore aux individus, mais il est devenu aliénable et divisible, et a cessé d'être le privilége de certaines familles. Tous peuvent prétendre à sa possession, du moment qu'ils ont de l'argent. Quant au fonds des connaissances, il se répartit encore domestiquement, mais la surveillance sociale faiblit de plus en plus.

Avec cette nouvelle organisation, la société se divise encore en majorité sans richesse matérielle et en minorité possédant la presque totalité de la matière; il y a encore une minorité participant à la masse des développements intellectuels; mais il n'y a bientôt plus de majorité qui en soit absolument privée. Le plus grand nombre ne tarde même pas à acquérir des notions subversives de tout ordre social.

Par suite de l'incompressibilité de l'examen, en effet, ceux-là mêmes qui ne possèdent pas de richesse matérielle parviennent à exercer quelque peu leur intelligence, et s'en servent ensuite pour examiner l'état social.

A cause de l'aliénabilité des propriétés foncières, il y a des riches qui tombent dans le prolétariat, augmentant ainsi le nombre de ceux qui, dans cette classe, ont l'intelligence développée.

Et enfin la disparition graduelle de la surveillance sociale sur l'éducation et l'instruction permet à l'intelligence de se développer dans une direction de plus en plus irréligieuse, de plus en plus matérialiste, de plus en plus antisociale.

Donc, s'il y a encore, sous le rapport matériel, deux classes, celle qui n'a presque rien, et celle qui a presque tout; sous le rapport des connaissances, au moins premières, la ligne de démarcation s'efface de plus en plus. De sorte que, bientôt, les deux classes qui divisent la société doivent se caractériser ainsi : l'une se compose de ceux qui ont presque toute la richesse intellectuelle et matérielle, l'autre, de ceux qui, privés de richesse proprement dite, jouissent cependant d'une certaine instruction. Et cette instruction, ne l'oublions pas, se fait nécessairement dans le sens révolutionnaire.

Ainsi à cette époque, — celle dans laquelle nous vivons, — ceux qui souffrent le plus de l'organisation sociale sont en position de l'examiner, et en disposition de la renverser.

Cette nouvelle période humanitaire est une période de trouble. Il y a défaut d'harmonie entre l'intelligence et la propriété. Il y a liberté sans ordre, c'est-à-dire anarchie.

Sous la souveraineté de la raison, le sol est commun avec une grande partie des capitaux acquis par les générations passées; et la répartition des connaissances est devenue sociale.

Avec cette organisation, tous ont part aux richesses intellectuelles et matérielles, en proportion de leur travail. Il y a bien encore des classes, puisque l'égalité des conditions est absurde; mais elles ne sont plus relatives qu'au plus ou moins de richesse de chaque espèce. Tout le monde est en état d'examiner; et comme les connaissances sont, encore une fois, coordonnées dans un sens hiérarchique, comme elles sont de plus formulées d'une manière incontestable, chacun trouve que, socialement, tout est bien.

Cette dernière période humanitaire est une période d'ordre imperturbable. Il y a de nouveau harmonie entre l'intelligence et la propriété. Il y a, simultanément, ordre et liberté.

§ X. — *Rapport des diverses espèces de répartition des richesses, tant intellectuelles que matérielles, avec l'ordre.*

Je viens de faire voir que la condition essentielle de l'ordre, c'est la possession, par les mêmes individus, de la matière et des connaissances, autrement dit, c'est l'harmonie entre l'instruction et la propriété.

Recherchons quand cette condition est possible, et comment elle est remplie.

Sous la souveraineté de droit divin, la seule chose à faire est d'empêcher l'examen du sophisme qui sert de base à l'ordre. Cela obtenu, le reste va tout seul.

Et quels sont, sous le rapport spécial qui nous occupe, les moyens d'anéantir, autant que faire se peut, l'esprit d'examen? Il y en a deux. Il faut :

Enlever, au plus grand nombre possible, le loisir de penser;

Enlever, à la *même* majorité, la facilité intellectuelle de penser.

On arrive au premier résultat par l'appropriation individuelle du sol. Ce mode de distribution a comme conséquence, en effet, la répartition des richesses proportionnellement à la richesse déjà acquise, et, par suite, la nécessité, de la part des non-propriétaires, d'un travail incessant pour subsister.

On atteint le second résultat par deux voies

différentes, ayant toutes deux pour but l'abrutissement des masses : d'abord, par la répartition
domestique des connaissances, de façon que
l'immense majorité, — précisément celle qui est
privée des richesses physiques, — se trouve en
même temps ne point posséder d'instruction ;
ensuite, par une espèce d'empoisonnement intellectuel consistant dans l'inculcation aux générations mineures, sous la surveillance sociale,
de tout un ensemble de préjugés religieux, politiques et sociaux.

On parvient ainsi à répartir la propriété et
les connaissances entre les mêmes individus, et à
soustraire, à ceux qui sont privés des richesses
matérielles, tout moyen d'examiner leur situation : ce qui est, je le répète, la condition de
l'ordre.

Sous la souveraineté de la force brutale, des
majorités ou du peuple, il n'y a rien à faire
pour conserver l'ordre.

L'appropriation individuelle du sol n'est plus
utile pour la compression de l'examen ; son
appropriation collective n'est pas encore nécessaire et serait dangereuse, en le facilitant
d'autant plus. La répartition domestique des
connaissances morales se soustrait peu à peu au
contrôle social, par suite de l'incompressibilité
de l'examen. La répartition sociale de ces
mêmes connaissances est impossible, parce que
la société ignore encore la véritable instruction
morale. De telle sorte que les préjugés religieux,

politiques et sociaux sont remplacés graduellement par des préjugés antireligieux, antipoli-
tiques, et antisociaux.

Il en résulte toujours, comme sous le droit
divin, un empoisonnement intellectuel, mais
cette fois il n'est pas causé par la société, et il
pousse de plus en plus au désordre.

Aussi, avec cette forme sociale, un ordre un
peu prolongé devient-il de plus en plus impossible à obtenir; il y a toujours imminence
d'anarchie.

Sous la souveraineté de la raison, la seule
chose à faire pour maintenir l'ordre, c'est de
développer les intelligences au *maximum* possible pour chacune d'elles, afin que tous soient
à même de connaître les prescriptions de la
raison souveraine, et de savoir que leur intérêt
les engage à y conformer leur conduite

Or, quels sont les moyens d'exciter, au *maximum*, l'esprit d'examen? Il y en a deux. Il faut :

Donner à tous le loisir de penser;

Donner à tous la plus grande facilité intellectuelle de penser.

Le premier résultat s'obtient par l'appropriation collective tant du sol que d'une grande
partie des capitaux laissés par les générations
éteintes. De cette façon, la répartition des richesses secondaires a lieu proportionnellement
au travail de chacun, le travail devient libre et,
par suite, chacun a du loisir.

On arrive au second résultat par deux voies

différentes : d'abord, en confiant la répartition des connaissances à la société, afin que tous les mineurs y aient part, sans égard aucun à la fortune de leurs parents; puis, en ayant soin de n'inculquer aux enfants, par l'éducation, et sous le rapport des connaissances morales, rien qui ne puisse, plus tard, leur être démontré par l'instruction.

Ce second résultat aura pour conséquence le développement, aussi complet que possible, de toutes les intelligences, sans aucune exception.

Ainsi, la propriété et les connaissances seront de nouveau réunies, comme sous la souveraineté de droit divin; avec cette importante différence que ce ne sera plus la minorité, mais bien la totalité qui jouira des richesses matérielles et intellectuelles.

L'ordre existera de nouveau, et il sera, de plus, à tout jamais imperturbable.

CHAPITRE XVII.

LA CONSOMMATION.

---

§ I. — *Qu'est-ce que la consommation ?*

La consommation et la production sont deux termes corrélatifs : on ne peut produire sans consommer, ni consommer sans produire.

Etudions attentivement ces deux expressions, afin de comprendre le sens particulier que l'on doit donner, en économie sociale, au mot consommer.

En général, consommation signifie emploi avec destruction de la chose employée.

Ainsi, l'idée de consommation implique celle de disparition, d'anéantissement, tout comme l'idée de production emporte celle de naissance, de création.

11.

Mais, on le sait, création et anéantissement sont deux expressions bonnes, tout au plus, dans le langage figuré.

Aussi, — comme je l'ai du reste déjà fait voir, — la production est, au propre, non pas la création, de toutes pièces, du produit, mais bien la transformation d'un objet en un autre objet.

Il en est de même de la consommation. Elle consiste, non dans l'annihilation de ce qui est consommé, mais dans sa transformation en une chose nouvelle.

La production a besoin de matière préexistante ; la consommation est toujours suivie d'un produit ultérieur.

Veut-on produire de la chaleur ? On a besoin de bois, de charbon, etc., pour faire du feu. Et en consommant, en détruisant ce bois par le feu, on donne naissance à une foule de combinaisons nouvelles.

Répétons-le. Il y a toujours, simultanément, consommation et production.

Mais ces données sur la consommation ne peuvent suffire, en économie sociale ; il faut préciser. Examinons donc cette expression de plus près.

Elle comporte trois idées bien distinctes. Il peut y avoir, en effet :

Consommation, dans le but d'arriver à une production ;

Consommation, servant à l'entretien et au

développement d'un être qui ne possède pas la
sensibilité;

Et enfin, consommation pour l'entretien et
le développement d'un être jouissant de la sensibilité; c'est-à-dire, emploi dans le but de satisfaire les besoins.

Je ne considérerai en détail que cette dernière
espèce de consommation. Toutefois, avant d'en-
tamer ce sujet, disons quelques mots encore à
propos de la consommation en général, et donnons quelques exemples des trois espèces indiquées plus haut.

Débutons par ce dernier point.

On emploie de la houille pour fabriquer le
gaz éclairant. On emploie des grains pour en-
semencer un champ, ou pour faire du pain.
C'est là consommer dans le but d'obtenir des
produits nouveaux.

Une machine à vapeur, pour remplir sa fonction, doit être alimentée de charbon et d'eau.
Cette eau et ce charbon concourent à son entretien. Voilà une consommation faite dans le
but de pourvoir aux nécessités d'un être qui
ne jouit pas de la sensibilité.

Il en est de même de l'eau qui sert à arroser
une plante, des aliments qui sont utilisés pour
faire vivre un animal. Il n'y a, encore là, qu'une
consommation faite par des êtres ne jouissant
pas de la sensibilité.

Mais, quand on arrive à l'homme, tout
change.

L'homme qui emploie de la houille pour se

chauffer, qui boit de l'eau pour étancher sa soif, qui mange du grain pour apaiser sa faim, use de ces choses pour entretenir et développer son existence, et il a conscience de la consommation qu'il fait, ce qui ne se voit pas dans les cas précédents.

Dans la première espèce de consommation, ainsi que dans la seconde, il y a mise en rapport, par l'homme, de deux corps pour en obtenir un troisième. Quand un des deux corps est vivant, le résultat de ce rapport est l'assimilation, par la plante ou l'animal, de l'objet consommé. L'attraction qui tendait à les rapprocher est satisfaite par leur combinaison. Dans la troisième espèce de consommation, enfin, cette assimilation est accompagnée par le sentiment de ce qui se passe. Un fait nouveau se présente : la satisfaction d'un besoin. Je dis un fait nouveau, parce qu'une attraction ne devient besoin que si elle est perçue.

Résumons ce qui précède.

La consommation, de la part des êtres qui ne jouissent pas de la sensibilité, n'est qu'une consommation figurément dite. Il n'existe pas là de besoins véritables, mais seulement des attractions qui ont pour résultat l'absorption d'un corps par un autre.

À proprement parler, il n'y a que l'être sensible, l'homme en un mot, qui consomme. Mais, tantôt il se borne à employer ce qu'il consomme, dans le but de constituer de nouveaux produits; tantôt il l'utilise exclusivement pour conserver et développer son existence, au moral comme au physique, c'est-à-dire dans le but de satisfaire ses besoins.

C'est dans ce dernier sens que je prendrai désormais, — à moins d'indications contraires, — l'expression consommer.

Avant de terminer ce paragraphe, et en considération de ce que ce travail approche de sa fin, il sera utile de récapituler, en les mettant en regard, les significations des divers termes dont se sert le plus fréquemment l'économie sociale.

Le lecteur apercevra ainsi avec plus de facilité le rapport qui les lie.

Voici ces expressions avec leurs valeurs correspondantes.

Production : transformation de matière préexistante, dans le but d'obtenir des richesses. La production proprement dite est le fait exclusif des êtres qui possèdent la liberté réelle. Partout ailleurs il n'y a que fonctionnement.

Besoins : attractions ou tendances perçues.

Richesses, valeurs : ce qui est susceptible de satisfaire les besoins.

Richesse : possibilité plus ou moins grande, de la part de l'homme, de satisfaire ses besoins.

Valeur : propriété plus ou moins marquée, de la part des choses, de satisfaire les besoins.

Consommation : satisfaction des besoins. La consommation réelle est le fait exclusif des êtres qui jouissent de la perception de l'existence. Partout ailleurs il n'y a que fonctionnement.

Trois points principaux sont à étudier dans la consommation :

Ce qui est employé à l'entretien et au développement de la vie;

La transformation subie par ce qui est consommé;

Enfin le résultat obtenu par le consommateur.

Je vais les examiner successivement, en suivant l'ordre qui vient d'être indiqué.

§ II. — *Qu'est-ce qui est susceptible d'être consommé?*

Toute consommation entraîne avec elle, forcément, une transformation de ce qui est employé dans ce but. En conséquence, cela seul qui est susceptible de changement est consommable; ou, en d'autres termes, on ne peut consommer que ce qui est matériel.

Les corps qui servent à la satisfaction des besoins sont de deux sortes, suivant que leur utilité consiste plus particulièrement dans la matière qui les constitue, ou dans l'idée qu'ils expriment. Il est à peine nécessaire d'indiquer, comme exemple, parmi les premiers, tout ce qui concerne l'entretien de la vie physique par l'alimentation. Notons, parmi les autres, les livres, les tableaux et autres objets d'art, dans

lesquels la matière n'a qu'une importance se-
condaire.

La matière incorporelle propre à la conservation de la vie comprend les différentes forces
nécessaires à l'existence des organismes : chaleur, magnétisme, électricité, etc.

La satisfaction des besoins a lieu au moyen
d'autres éléments encore que ceux indiqués
ci-dessus. S'instruire en écoutant une leçon,
s'amuser en assistant à un concert, ne sont-ce
pas là des façons particulières de développer sa
vie intellectuelle? Et lorsqu'on est malade, ne
conserve-t-on pas son existence physique en se
faisant guérir par le médecin ou le chirurgien?
Mais celui qui enseigne, manifeste des idées,
en un mot, travaille. Celui qui joue d'un instru-
ment travaille aussi. Et le médecin qui combine
un traitement, ou le chirurgien qui opère un
malade, travaille également.

On pourrait donc dire, avec quelque apparence de raison, que le travail aussi est sujet à
consommation. Seulement, n'oublions pas que
l'on passe, en s'exprimant ainsi, du sens propre
à un sens figuré. Telle qu'on l'avait enten-
due jusqu'à présent, la consommation revenait
à l'assimilation de la matière. Dans ce nouveau
sens, elle n'est plus que la modification subie
par suite du travail d'autrui, ce qui est bien
différent.

Pour l'économie sociale, l'homme n'est pas
un être purement matériel. Le travail, qui est

l'homme en action, ne peut donc être objet de consommation.

Pour l'économie politique, laquelle, à l'égal du matérialisme, n'admet aucune différence essentielle entre l'homme et les autres êtres, l'homme est consommable, tout comme l'huître. C'est la justification de l'anthropophagie.

Ecoutons à ce sujet J.-B. Say. J'ai déjà cité ses paroles, mais elles valent la peine d'être répétées.

« Parmi les *denrées* que l'on *consomme* en » grande abondance dans presque toutes les » manufactures, est la main-d'œuvre, le *travail* » des ouvriers. »

Dire que l'homme, ou son travail, est consommable, est une expression dangereuse ayant pour résultat, si l'on n'y prend garde, la confusion de l'homme avec la matière.

Mettons en rapport la consommation avec les richesses, ou la satisfaction des besoins avec le moyen de les satisfaire.

Les besoins peuvent être satisfaits, tant par les richesses sociales ou en échange, que par les richesses en soi ou domestiques. Seulement, dans le premier cas, il faut avoir préalablement recours à l'échange.

Pour vivre, on consomme du blé, et non la valeur du blé. Pour s'instruire, on lit un livre; il ne serait d'aucune utilité d'en posséder seulement le prix.

C'est donc bien la richesse domestique seule

qui, en définitive, sert à l'entretien et au développement de l'existence.

§ III. — *Que devient ce qui est consommé?*

Tout ce qui n'est pas éternel se transforme,
se modifie, s'use, et se perd.

Tout ce qui est matériel finit donc par disparaître, que ce soit par la consommation qui en
est faite, ou autrement.

Il en est de même du globe sur lequel nous
vivons. Il périra, lui aussi, un jour. Seulement, ayant préexisté à l'humanité qui l'habite,
et devant lui survivre, il peut être considéré,
sous ce rapport, comme éternel, et non consommable.

Aussi, pour pouvoir consommer de la matière
foncière, faut-il d'abord la rendre mobilière,
comme, par exemple, lorsque l'on cueille un
fruit pour le manger. Une fois dans ce nouvel
état, elle peut s'assimiler à l'organisme du consommateur, pour en faire, définitivement, partie
constituante.

La matière mobilière se comporte de diverses
manières dans la consommation : tantôt elle disparaît entièrement, elle est consommée en une
fois; tantôt l'usage que l'on en fait peut se répéter plus ou moins souvent, et avoir lieu au
profit de consommateurs successifs, tout en se
détériorant de plus en plus; tantôt, enfin, elle
ne s'use pas par le profit que l'on en tire.

Les corps dans lesquels l'idée exprimée est la chose la plus importante, tels que les objets artistiques, par exemple, font partie de cette dernière catégorie. Ils ne sont pas plus à l'abri de la destruction que les autres, sans doute; mais cette usure n'est pas toujours le résultat de la consommation qui en est faite. Que l'on regarde ou que l'on ne regarde pas une statue, un tableau, ils n'en marchent ni plus ni moins vite vers leur anéantissement.

Tout ce qui sert à l'alimentation, au contraire, disparaît par l'usage, et ne peut servir qu'une fois.

Une foule d'objets, que la consommation ne dissipe qu'à la longue, forment autant de chaînons intermédiaires entre ces deux cas extrêmes.

Mais il y a, dans tous les cas, au moins quelque chose qui, émanant du corps utilisé pour la satisfaction d'un besoin, vient se combiner à l'organisme du consommateur. S'agit-il d'un tableau, par hypothèse, la lumière qu'il réfléchit pénètre par l'œil jusqu'au nerf optique auquel elle s'assimile.

Cet exemple indique, en même temps, la façon dont la matière incorporelle se comporte dans la consommation.

Les idées, comme modifications cérébrales, sont bien matérielles. Aussi finissent-elles, également, par s'effacer du cerveau, puis disparaître, si l'on ne prend soin de les raviver de temps à autre. Mais, ici, il n'est plus question

de consommation proprement dite. L'homme
ne peut pas être modifié, directement, par les
idées d'un autre; il faut qu'elles lui arrivent par
l'intermédiaire de leurs signes représentatifs. Or
la manifestation de ces signes est du travail. Il
s'agit donc ici de consommation prise au figuré.
Il n'y a plus assimilation de quelque chose ve-
nant du dehors, mais bien modification subie
par suite du travail d'autrui.

Ce travail modifie, soit le cerveau de celui
qui le subit, dans l'enseignement par exemple;
soit son organisme, comme dans la pratique de
la science médicale.

En résumé, et si l'on considère purement la
consommation proprement dite, tout ce qui est
consommé change de nature, et, de matériel
qu'il était, devient partie intégrante de l'homme.
Le pain, une fois mangé, n'est plus du pain; c'est
l'homme même. L'argent dépensé pour développer l'intelligence n'est plus du capital; encore
une fois, il est devenu l'homme lui-même.

§ IV. — *But cherché, et résultat obtenu par le consommateur.*

Il y a, pour le consommateur, deux sortes de
besoins à satisfaire, suivant qu'ils sont physiques
ou intellectuels. Il s'agit, en effet, soit de conserver sa vie organique, soit d'entretenir et de
développer sa vie intellectuelle.

De là, deux espèces particulières de consommation, selon le but à atteindre.

Pour maintenir son existence physique, l'homme s'assimile des corps et des forces, ce qui est une consommation proprement dite; ou il se fait modifier par le travail d'autrui, comme, par exemple, lorsqu'il veut repasser de l'état de maladie à celui de santé, auquel cas c'est une consommation figurément dite.

Pour développer son intelligence, autrement que par le raisonnement sur ses propres idées, l'homme consomme : soit des corps, de l'argent par exemple, quand il paye des professeurs; soit des objets plus spécialement intellectuels, comme lorsqu'il lit un livre, qu'il parcourt un musée, etc.; et il consomme alors au propre. Ou bien, il se fait enseigner telle ou telle branche des connaissances, ce qui constitue une consommation figurément dite.

§ V. — *La consommation relativement aux classes sociales.*

J'ai fait voir, au § 1 de ce chapitre, que la consommation, telle qu'il faut l'entendre, est la satisfaction d'une tendance perçue, ou d'un besoin. La véritable consommation est donc toujours accompagnée de jouissance, soit actuelle, soit plus ou moins lointaine. Quand il y a assimilation par un être qui ne possède pas la sensibilité, ce n'est plus consommation qu'il faut dire, mais bien fonctionnement, absorption.

Le charbon ne consomme pas, à proprement parler, de l'oxygène en brûlant; il l'absorbe, pour s'y combiner. Une plante ne consomme pas davantage l'acide carbonique, l'eau et les sels qui servent à son développement; elle aspire les gaz et les liquides. De même pour l'animal qui, en se nourrissant sans en avoir conscience, ne consomme pas, mais bien fonctionne.

Étendons ces considérations jusqu'à l'homme inclusivement.

L'assimilation, chez l'homme, n'est pas toujours accompagnée de jouissance : ce qui est relatif à la partie purement matérielle de l'homme n'est pas consommation, mais fonctionnement. Pour qu'il y ait satisfaction d'un besoin, jouissance, et par conséquent consommation, le centre nerveux, ou la mémoire, doit être mis en jeu; mais alors on passe du domaine purement matériel au domaine moral.

Aspirer l'oxygène de l'air, dans l'acte de la respiration, n'est, chez l'homme comme chez l'animal, qu'un simple fonctionnement zoologique; mais aspirer l'odeur d'une rose c'est consommer : il y a là raisonnement.

En se tenant exclusivement dans le domaine moral, on peut donc affirmer, en parlant d'une manière absolue, que l'homme consomme toujours.

Mais si l'on se place à un nouveau point de vue, cette affirmation cesse d'être exacte.

Expliquons cela.

En parlant de la propriété, j'ai constaté que tous sont, rigoureusement parlant, propriétaires, au moins propriétaires mobiliers, quand ce ne serait que des haillons qui les couvrent, ou du pain qu'ils ont à la bouche. Mais j'ai fait remarquer ensuite que les uns sont propriétaires réels, tandis que les autres sont seulement propriétaires illusoires, c'est-à-dire prolétaires, soit fonciers, soit mobiliers.

Eh bien, il y a une distinction analogue à faire dans la qualité de consommateur.

Tous les hommes sont consommateurs, je le répète, quand on s'exprime d'une manière générale, en considérant la consommation de chacun en elle-même. Mais si l'on s'attache à comparer entre elles les consommations des uns et des autres, il n'en est plus toujours de même.

Peut-on, en effet, appeler du même nom de consommateur, et celui qui ne sait satisfaire qu'une très-minime partie de ses besoins physiques, à cause de sa pauvreté, et cet autre qui, par ses richesses, obtient tout ce qu'il désire?

N'avoir à dépenser, pour entretenir et développer son existence matérielle et intellectuelle, que ce qui est juste suffisant pour ne pas mourir de faim; vivre de privations, en un mot, est-ce là véritablement consommer?

Évidemment non. Celui-là seul est consommateur véritable qui possède les moyens de satisfaire tous ses besoins rationnels.

Ceci étant posé, étudions la consommation chez les différentes classes, et aux deux principales époques de l'histoire de l'humanité.

Sous la souveraineté de la force, il y a deux classes, ou mieux deux castes, les maîtres et les esclaves, puis les prolétaires et les capitalistes. Sous la souveraineté de la raison, il n'existe plus que des travailleurs, les uns seulement capitalistes individuels, tous copropriétaires du sol et d'une grande partie des richesses accumulées par les générations éteintes.

Sous le règne de la force, les uns, les travailleurs sans capitaux, n'obtiennent, dans la répartition des richesses matérielles, que le *minimum* indispensable pour ne pas succomber immédiatement à la misère; les autres, les propriétaires ou capitalistes, ont en partage la presque totalité de cette espèce de richesse.

Il y a donc, à cette époque sociale, des hommes qui ne consomment réellement pas. Leurs maîtres, quand ce sont des esclaves domestiques, le capital, lorsque ce sont des prolétaires, se bornent à leur donner le strict nécessaire, tant qu'ils ont besoin de leur travail, tout comme ils alimentent une machine à vapeur aussi longtemps que son service est utile. Pour eux, ces hommes ne sont qu'une sorte de rouage qu'il faut graisser de temps à autre, et le plus économiquement possible, afin de les faire fonctionner. Les maîtres, au contraire, ou les capitalistes, consomment dans le vrai sens du mot. Toutes les jouissances ne sont-elles pas, en effet, pour ceux-ci?

Sous la souveraineté de la raison, tout le monde consommera. C'est évident, pour ceux qui auront des capitaux leur appartenant individuellement. Il en sera de même pour les travailleurs sans capitaux individuels, puisque le salaire, à cette époque, se trouvera toujours au *maximum* des circonstances.

En conséquence, aussi longtemps qu'une société est régie par la force, elle se divise en deux parties : l'une, l'immense majorité, qui ne consomme pour ainsi dire pas; l'autre, l'infime minorité, qui seule consomme.

Mais lorsque la société est soumise à la raison, elle ne renferme plus que des consommateurs réels, consommant les uns plus, les autres moins, mais possédant tous de quoi satisfaire tous leurs besoins raisonnables.

§ VI. — *Rapport entre la production et la consommation.*

Le rapport existant entre la consommation et la production est celui de cause à effet, ou mieux, pour rester dans le domaine moral, celui qui relie le motif d'agir à l'action elle-même.

L'homme travaille. Pourquoi? Parce qu'il a besoin du produit pour vivre, pour être heureux ; parce qu'il a besoin de ce produit pour sa consommation.

La nécessité de la consommation se présente, tout d'abord. Cette nécessité sert de motif à la production. C'est soulement après cela que vient la consommation, s'il y a, outre le désir de consommer, la possibilité de le faire. Lorsque cette possibilité n'existe pas, la production n'a plus de but, et elle s'arrête. Plus la consommation est grande, au contraire, et plus la production se développe.

En un mot, c'est la consommation qui règle la production, et non la production qui régit la consommation.

L'économie politique ne le comprend pas toujours ainsi. Elle soutient, en effet, que l'augmentation de la production est nécessairement suivie de celle de la consommation. D'après elle, il faut :

Pour rendre plus considérable la possibilité de consommer, que les salaires haussent ;

Et pour hausser les salaires, que la masse des produits soit plus grande.

Alors, dit-elle, les salaires s'élèvent proportionnellement à l'augmentation de la masse des produits.

Ainsi, selon l'économie politique, pour développer la consommation, il faut accroître la production. C'est raisonner au rebours du sens commun.

Et comment cette prétendue science en arrive-t-elle à professer pareille erreur? En laissant dans l'ombre un élément essentiel de la question, c'est-à-dire la répartition des produits.

Si, en effet, elle avait lieu en proportion du travail, la masse des produits augmentant, les salaires s'élèveraient en conséquence. Mais lorsque la répartition se fait proportionnellement au capital de chacun, comme actuellement, de l'aveu de tous les économistes, comment veut-on que les salaires subissent une influence quelconque de la plus ou moins grande quantité des richesses produites?

Dans son aveuglement, et sans se préoccuper des chômages présentés si régulièrement par diverses industries, l'économie politique ne rêve que production, sans s'apercevoir que, par suite de la vicieuse répartition des richesses, la majeure partie des produits va aux riches, et augmente d'autant la différence existant déjà entre eux et les travailleurs sans capitaux.

L'économie politique, c'est-à-dire l'économie des sociétés soumises à la force, ne songe, on le voit, qu'au bien-être des forts.

Pour l'économie sociale, au contraire, c'est la consommation qui provoque la production, et c'est la répartition des produits et non leur masse qui exerce de l'influence sur la plus ou moins grande possibilité de consommer. Aussi, dit-elle, il faut :

Pour rendre plus considérable la production, que la consommation se développe;

Et pour développer la consommation, que les salaires s'élèvent.

Mais elle n'oublie pas que le mode de répartition des richesses joue un rôle important dans tout cela, et que les salaires ne peuvent s'élever au *maximum* des circonstances, si, en même temps, la répartition ne s'opère selon la justice.

L'économie sociale ne se préoccupe que de la consommation et des mesures à prendre pour que tous puissent consommer, certaine qu'elle est de voir la production suivre et se développer en conséquence.

L'économie sociale, qui est l'économie de la société régie par la justice, prend donc intérêt au bien-être de tous.

Examinons, avant de terminer ce paragraphe, le rapport entre la consommation et la production, aux deux principales époques du développement de l'humanité.

Sous la souveraineté de la force, ou sous le règne de l'économie politique, il y a, je l'ai fait voir plus haut, tendance de la part des forts à produire à l'extrême; parce que, en vertu de la distribution des richesses relative à cette souveraineté, la majeure partie des produits leur revient, et augmente leur bien-être d'autant.

La production va donc alors, à l'encontre de la logique, plus vite que ne l'exige la consommation. Aussi faut-il souvent l'arrêter, pour donner le temps à la consommation de faire disparaître l'excédant des produits : c'est ce que l'on a nommé les chômages, qui se montrent avec tant de régularité dans certaines industries.

Sous la souveraineté de la raison, ou sous le règne de l'économie sociale, il n'y a plus, socialement, ni forts ni faibles. Au lieu de la tendance de quelques-uns à produire, et toujours produire, il y a tendance de tous à consommer le plus possible : parce que, en vertu de la répartition des richesses conforme à la justice, ainsi que du développement de toutes les intelligences au *maximum,* tous ont le désir de consommer et la possibilité de le faire.

Dans la société future, la demande des produits sera donc plus active que l'offre. Aussi, la production devra-t-elle toujours s'efforcer de suivre la consommation d'aussi près que possible.

Il existe, dans chacune des deux périodes de l'humanité, relativement à la production et à la consommation, un enchaînement de causes et d'effets, une sorte de cercle, dont je vais donner une idée.

Sous la souveraineté de la force :

Le salaire est au *minimum;*

La majorité ne possède donc pas les moyens de consommer;

La consommation est par conséquent au plus bas;

La production est donc restreinte d'autant;

Le travail est ainsi moins demandé qu'offert;

Le salaire est donc au *minimum;*

Etc., etc.

Sous la souveraineté de la raison, au contraire :

Le salaire est au *maximum ;*

Tous possèdent donc les moyens de consommer;

La consommation est ainsi poussée au plus haut point;

La production, se réglant toujours sur la consommation, se trouve donc aussi développée que possible;

Le travail est, en conséquence, plus demandé qu'offert;

Le salaire est donc porté à son *maximum ;*

Etc., etc.

§ **VII**. — *Bien-être, augmentation de bien-être. — Les travailleurs sans capitaux ont-ils plus de bien-être aujourd'hui qu'autrefois?*

L'expression bien-être implique le rapport qui existe entre les besoins et leur satisfaction. Elle peut être prise au propre ou au figuré.

Au propre, le bien-être signifie l'état dans lequel se trouve celui qui possède les moyens matériels nécessaires pour la satisfaction de ses besoins intellectuels et physiques.

Au figuré, et relativement à la société, le bien-être c'est l'ordre.

Le paupérisme est l'opposé du bien-être; c'est

l'état de ceux qui ne peuvent satisfaire que la plus minime partie de leurs besoins, ou qui ne consomment pour ainsi dire pas.

Il y a augmentation de bien-être pour l'individu qui acquiert plus de facilité de consommer. Il y a diminution, dans le cas inverse.

Examinons quelles sont les conditions nécessaires à l'existence et à l'augmentation de bien-être chez les individus.

Sous le règne de la force, la répartition des richesses se faisant en raison directe de la force de chacun, c'est-à-dire proportionnellement à ce que chacun a, elle ne profite qu'aux propriétaires ou aux capitalistes. Dès lors, quand la masse des produits s'accroît, il en résulte l'augmentation de bien-être, non pour tous, mais exclusivement pour ceux qui possèdent; ce qui diminue comparativement celui des travailleurs sans propriété.

« C'est moins la consommation absolue du
» travailleur que sa consommation relative qui
» rend sa condition heureuse ou malheureuse,
» a dit l'économiste Cherbuliez. Qu'importe à
» l'ouvrier de pouvoir se procurer quelques
» produits auparavant inaccessibles à ses pa-
» reils, si le nombre des produits auquel il ne
» peut atteindre s'est accru dans une propor-
» tion encore plus forte, si la distance qui le
» sépare des capitalistes n'a fait qu'augmenter,
» si sa position sociale est devenue plus humble
» et plus désavantageuse? »

Sous la souveraineté de la raison, la répartition des richesses ayant lieu proportionnellement, non à la propriété, mais bien au travail de chacun, elle profite à tous ceux qui travaillent. Dès lors, quand la masse des produits s'accroît, l'augmentation du bien-être de tous en est la conséquence. Les seuls capitalistes qui ne travailleraient pas, le verraient diminuer.

Le bien-être existe donc pour tous, sous la souveraineté de la raison; seulement pour ceux qui possèdent, sous la souveraineté de la force.

Dans chaque produit, il y a travail et matière.

Dans le prix de chaque produit, il y a la part du travail, ou le salaire, et celle de la matière, ou le profit.

Les parts du travail et de la matière doivent donc toujours être en sens inverse; car plus le travail prend dans le produit, moins il reste pour la propriété; et *vice-versâ*.

Ceci posé, voyons ce qui en résulte sous le rapport du bien-être des classes sociales.

Lorsque, dans le prix des choses, la part du travail est au *minimum* et celle de la propriété au *maximum*, le travailleur ne peut racheter qu'une minime partie du produit, et le propriétaire peut en racheter une considérable.

Autrement dit : lorsque le travail est à bon marché, et le capital cher, le travailleur est pauvre, et le propriétaire seul a les moyens de consommer.

Mais lorsque, dans le même prix des choses, la part du travail est au *maximum* et celle de la propriété au *minimum*, le travailleur peut racheter une partie plus grande du produit, tandis que le propriétaire ne peut en ravoir qu'une minime.

En d'autres termes: lorsque le travail est cher et la matière à bon marché, le travailleur a tous les moyens de consommer, et le propriétaire s'appauvrit, s'il ne travaille pas.

Troisième façon de défendre la même thèse.

Quand le travail domine la matière, le plus ou moins de cherté d'un objet provient, toujours relativement aux circonstances, du prix plus ou moins élevé du travail. Lorsque celui-ci est esclave, au contraire, cette cherté plus ou moins grande de l'objet découle du profit plus ou moins considérable du détenteur de la matière.

D'où résultent les conséquences suivantes, identiques par leur valeur, du reste, avec celles qui ont été exposées plus haut.

Quand le travail est cher, la cherté d'un objet signifie abondance pour le travailleur et disette pour le propriétaire qui ne travaille pas;

Quand la matière est chère, la cherté d'un objet signifie disette pour le travailleur, et abondance pour le propriétaire qui ne travaille pas.

Mais quand le travail est-il cher, ou bon marché? Quand est-il libre ou esclave? Quand son prix est-il au *maximum* ou au *minimum* des circonstances?

Je l'ai montré déjà bien souvent dans le cours de ce travail. Je vais le dire de nouveau. Il faut savoir se répéter, car les répétitions ne sont pas toujours aussi inutiles qu'on pourrait le croire.

Le travail est libre, il domine la matière, il fixe lui-même sa part dans le produit, il est cher, en un mot, lorsqu'il est plus demandé qu'offert, lorsque, au matériel, le sol, ainsi qu'une grande partie des richesses laissées par les générations éteintes, constitue la propriété collective de l'humanité, enfin lorsque, au moral, on vit sous la souveraineté de la justice.

Le travail est dominé par la matière, il est esclave, il subit, dans le partage des bénéfices, la loi qui lui est imposée par la propriété, il est avili ou déprécié, en un mot, lorsqu'il est plus offert que demandé, lorsque, au matériel, le sol est la propriété de quelques individus, enfin lorsque, au moral, on existe sous la souveraineté de la force.

En conséquence, et pour en revenir à la question du bien-être des classes sociales :

Quand le sol est approprié individuellement, les seuls possesseurs de matière ont du bien-être. Le paupérisme est le lot des travailleurs sans propriété individuelle.

Quand le sol est approprié collectivement, tous ont du bien-être.

Après avoir comparé le degré de bien-être

des travailleurs et des propriétaires, aux deux époques historiques fondamentales, examinons celui des travailleurs sans propriété, sous le règne de la force.

Il est nécessaire, pour cela, de faire entrer en ligne de compte un nouvel élément de la question, élément que j'avais pu laisser à l'écart jusqu'à présent : je veux parler du nombre des besoins.

Les travailleurs sans capitaux sont-ils, de nos jours, plus heureux qu'autrefois? Tel est le problème que je me propose de résoudre ici.

Si l'on consulte l'économie politique, à ce sujet, elle répondra, en même temps, que le paupérisme s'accroît parallèlement au développement de la richesse, et que le bien-être des masses est beaucoup plus grand de nos jours qu'autrefois. On peut consulter, pour se convaincre de la vérité de ce que j'avance, les travaux de Blanqui, Thiers, Michel Chevalier, Pecqueur, Lehardy de Beaulieu, Dunoyer, Ducpétiaux, Devaux, Wolowski, E. Menu de Saint-Mesmin, etc. De sorte que l'économie politique ne fait pas faire un pas à la question.

L'économie sociale soutient, elle, avec les économistes, que le paupérisme et la richesse s'avancent sur deux lignes parallèles, étant donnée la constitution sociale actuelle; et elle en conclut, contre les économistes, que le bien-être des masses est moindre à présent qu'autrefois.

Voyons sur quoi l'économie sociale se base.

Le bien-être consiste dans la possibilité d'obtenir ce qui est nécessaire à l'entretien et au développement de la vie, au double point de vue intellectuel et physique.

La diminution du bien-être peut provenir de deux causes, qui agissent, soit séparément, soit simultanément : la première consiste dans la diminution des moyens de consommer, les besoins restant les mêmes; la seconde, dans l'augmentation du nombre des besoins, les moyens de consommer restant au même point, ou au moins, n'allant pas aussi rapidement.

Autrement dit : le bien-être diminue aussitôt que l'équilibre entre les besoins et les moyens de les satisfaire est rompu.

Le problème que je soulève se résume donc dans la question de savoir s'il existe actuellement, chez les travailleurs non capitalistes, plus de difficulté de subvenir à leur existence intellectuelle et physique, qu'il n'y en avait autrefois.

Or, parmi les besoins, on trouve ceux qui doivent être satisfaits absolument, sous peine de mort immédiate; tels sont les besoins relatifs à la vie purement zoologique. On distingue ensuite ceux qui proviennent des développements de l'intelligence, et ceux-là se rapportent tant à la vie matérielle qu'à la vie spirituelle. L'homme dont l'intelligence est développée mange, a fait remarquer Brillat-Savarin; l'homme inculte se nourrit seulement.

Les besoins de la première espèce pourraient varier, ou devenir plus nombreux, si l'organisation physique de l'homme venait elle-même à se métamorphoser. Mais les autres besoins changent continuellement, et se multiplient sans cesse, surtout depuis que l'examen est devenu incompressible.

Maintenant, les besoins des travailleurs sans propriété se sont-ils accrus? Evidemment, comme ceux des *possesseurs* de la matière. Les besoins, en effet, sont la cause du développement de l'intelligence, cherchant les moyens de les satisfaire; et ces nouveaux développements intellectuels sont suivis de nouveaux désirs. Il y a là un enchaînement de causes et d'effets ne pouvant avoir pour résultat que l'accroissement continuel des besoins, que le désir continuel de jouissances chez tous.

On arrive ainsi à cette deuxième transformation de l'énoncé du problème.

Les besoins s'étant multipliés dans la classe des travailleurs sans capitaux, les moyens de consommer ont-ils suivi une marche parallèle, condition absolument indispensable pour que leur bien-être n'ait pas diminué?

Non.

Je pourrais rappeler que, de l'aveu de tous les économistes, le salaire des travailleurs sans capitaux se réduit au *minimum* strictement nécessaire pour l'entretien de la vie et la conservation de l'*espèce,* comme s'exprime M. Scialoja.

Et je pourrais en tirer la conséquence que leur bien-être a diminué proportionnellement à l'accroissement de leurs besoins, ou de leur développement intellectuel.

Mais je préfère prendre un chemin plus direct.

Dans l'impossibilité où l'on se trouve d'avoir un mètre matériel pour mesurer le rapport qui existe entre le besoin de consommation et la possibilité de consommation, il faut recourir à l'emploi d'un mètre intellectuel. Cherchons-le.

Celui qui éprouve un désir, et qui ne peut le contenter, est malheureux et, naturellement, même quand il y aurait de sa faute, il attribue la cause de son malaise à l'organisation sociale.

De là, à la tentation de changer cette organisation, puis à la mise en pratique des moyens nécessaires pour la renverser, il n'y a qu'un pas.

« Tous tumultes, désordres et mutinations » proviennent quelquefois, a dit Henri IV, do » légitimes causes, et *plus souvent d'avoir du* » *mal que du désir d'en faire.* »

C'est naturel, ou plutôt c'est logique.

Voilà donc le mètre intellectuel trouvé.

En conséquence, partout où l'on verra des tentatives contre l'ordre établi, on pourra en conclure au mécontentement, au mal-être de ceux qui font ces tentatives; et on sera en droit d'affirmer que ce mal-être est d'autant plus considérable, que les essais de renversement de l'ordre social sont plus fréquents.

Or, à quelle époque de l'histoire y a-t-il eu plus de désordres? Je ne fais pas allusion ici à ceux dont la cause est purement politique, comme, par exemple, quand tel parti veut se substituer violemment à tel autre pour gouverner à sa place. Non. Je veux parler de ceux qui proviennent du malaise des travailleurs. Il y a eu évidemment, dans l'antiquité et au moyen âge, des révoltes de travailleurs, quand ils étaient poussés à bout par une exploitation outrée ; mais elles ne tendaient pas à faire changer l'organisation sociale. Le spectacle auquel nous assistons actuellement est tout autre. Faut-il que je rappelle les insurrections de juin 1848 et de 1871 (1), les journaux ouvriers et l'*Association internationale des travailleurs?*

A moins de supposer que les travailleurs s'agitent sans motif, c'est-à-dire de les croire fous, il faut donc bien admettre qu'ils sont actuellement plus malheureux qu'autrefois.

Sans doute l'ouvrier d'aujourd'hui a quelquefois des bas et des souliers, et, à ce que nous apprend M. Thiers de l'ouvrier des villes, il a quelques-uns des plaisirs des riches, un habit de drap noir, du linge blanc, des spectacles, et presque toujours de la viande. L'ouvrier d'autrefois n'avait pas tout cela, admettons-le. Mais en résulte-t-il qu'il était plus malheureux que celui de nos jours? Nullement, s'il ne ressentait pas ces besoins. Je vais le prouver par une simple règle de trois.

Si, par exemple, le travailleur des siècles passés avait dix besoins, et de quoi en satisfaire cinq, pendant que celui du siècle actuel en

(1) Auxquelles on peut ajouter aujourd'hui (juillet 1873) les insurrections ouvrières dans quelques villes de l'Espagne.

éprouve cent et possède seulement de quoi en contenter vingt-cinq, n'est-il pas évident que le second est deux fois plus malheureux que le premier? L'ouvrier de nos jours a cependant, par hypothèse, de quoi pourvoir à cinq fois plus de besoins que celui d'autrefois; mais, pour être sur la même ligne que ce dernier, en fait de bien-être, il devrait avoir, de par l'arithmétique, de quoi en satisfaire cinquante.

La cause du faux raisonnement que l'on fait généralement dans cette matière est celle-ci : on juge la situation des travailleurs d'autrefois en se plaçant, non à leur point de vue, mais à celui des travailleurs actuels, ce qui change l'aspect de ce que l'on voit, du tout au tout.

Le travailleur ancien manquait-il de telles et telles choses que celui du xixe siècle peut se procurer? Oui. En éprouvait-il le désir? Non. Il n'y avait donc pas là, pour lui, cause de mal-être; car on n'est pas malheureux de ne pouvoir obtenir ce que l'on ne connaît pas.

Résumons cette longue discussion.

Pour la classe des travailleurs sans propriété, les besoins ont marché plus vite que les moyens de les satisfaire, et, par conséquent, les indi-vidus que cette classe renferme sont, aujour-d'hui, plus malheureux qu'autrefois.

§ VIII. — *Quand la consommation est-elle au minimum? Quand est-elle au maximum?*

Il s'agit ici de connaître le rapport de la consommation à la population, c'est-à-dire de rechercher quelles sont les conditions nécessaires pour que, une population étant donnée, la consommation s'y trouve au *maximum* ou au *minimum.*

Or, que faut-il pour qu'il y ait consommation?

D'abord, le désir de consommer;

Ensuite, la possibilité de consommer.

Ainsi, de deux sociétés ayant, par hypothèse, le même nombre de membres, si l'une contient plus d'individus réunissant au plus haut degré ces conditions, c'est dans celle-là que l'on consommera davantage.

Mais le désir de consommer, — une fois qu'il ne s'agit plus de la vie purement physique ou de ce qui est strictement nécessaire pour ne pas mourir de faim, — dépend du degré de développement intellectuel. Celui dont l'intelligence est cultivée éprouve, évidemment, plus de besoins que celui dont l'intelligence est inculte, et le premier a, par conséquent, plus le désir de consommer que le second.

Quant à la possibilité de consommer, elle est exclusivement relative au bien-être. Inutile d'insister sur ce point.

La société dans laquelle se fera la consommation la plus considérable sera donc celle où l'on remarquera simultanément :

Que le plus grand nombre a l'intelligence développée;

Que ce développement intellectuel est poussé le plus loin possible pour chacun;

Enfin, que le bien-être est le lot du plus grand nombre.

Or, comme je l'ai montré dans le paragraphe précédent :

Lorsque le sol est approprié au profit des individus, ceux-là seuls qui possèdent la matière ont du bien-être, et c'est la minorité; tandis que, par l'appropriation collective du sol, le bien-être est le partage de tous.

Et, d'autre part, comme on l'a vu dans l'étude sur la répartition des richesses :

Lorsque la force est souveraine, le sol est propriété privée, et les connaissances sont le monopole du petit nombre; tandis que, sous la souveraineté de la raison, le sol est la propriété collective de l'humanité, et les développements intellectuels sont le partage de tous.

En conséquence, à égalité de population, c'est dans la société régie par la raison que l'on consomme le plus; la consommation est au *minimum*, au contraire, dans la société qui se trouve encore placée sous le joug de la force.

§ IX. — *Quand le maintien de l'ordre exige-t-il que le bien-être de tous soit au maximum des circonstances? Quand exige-t-il que le mal-être de la majorité soit au maximum ?*

Ces deux problèmes se réduisent à la question de savoir si tous les membres d'une société peuvent, sans danger pour l'ordre social, avoir les moyens de pourvoir à leurs besoins intellectuels et physiques.

Ce que recherche l'homme avant toutes choses, — je l'ai déjà fait remarquer plusieurs fois, — c'est d'être heureux. Celui qui a de quoi soutenir sa double existence n'est pas encore satisfait; il désire plus : il voudrait encore mieux vivre. Et, pour atteindre ce résultat, il exerce son intelligence, il examine, afin de découvrir d'autres moyens de jouissance.

Et quand son intelligence a été aiguisée par ce travail de recherche, de nouveaux besoins se font sentir; ils exigent un nouveau travail cérébral, et ont pour effet de nouveaux développements intellectuels, de nouveaux examens.

De sorte qu'il y a, entre le travail intellectuel et les besoins, ce lien particulier, que les besoins sont la cause excitante de l'examen, et que celui-ci a pour résultat nécessaire la naissance de besoins nouveaux.

Seulement, pour que cet enchaînement puisse exister, celui qui éprouve les besoins doit avoir du loisir : car sans loisir il n'y a pas de travail intellectuel possible. J'entends ici par *loisir* l'espace de temps dont on peut disposer après avoir subvenu à son existence physique. Dans ce sens, le loisir appartient exclusivement à ceux qui ont du bien-être.

Ainsi, l'universalisation du bien-être est nécessairement suivie de celle de l'esprit d'examen.

Mais l'examen, une fois déchaîné, se porte sur tout : chacun dirige ses recherches, non-seulement sur les divers moyens d'améliorer son sort, mais, principalement, sur ce qui a rapport à l'ordre social. Car, lorsqu'il semble que l'on pourrait être moins malheureux, ou plus heureux, on tend toujours, d'une manière pour ainsi dire instinctive, à rejeter la responsabilité de sa situation sur la société, toutes les fois qu'il n'est pas évident qu'on en est soi-même la cause.

D'où résulte la proposition suivante :

L'universalisation du bien-être n'est possible que si l'organisation sociale est basée sur l'incontestabilité, et si elle n'est pas, soit réellement, soit au moins dans l'opinion de ceux qui souffrent, la cause du malheur qui arrive aux individus.

Mettons cette proposition en rapport avec les trois périodes historiques.

La souveraineté de la force masquée de sophisme, — souveraineté nullement incontestable, — exige que l'immense majorité soit dépourvue de bien-être, condition qui entraîne, comme conséquence, la nécessité d'un travail incessant pour vivre. Sans cette condition, tous auraient le temps d'examiner; tous examineraient; tous reconnaîtraient que la base d'ordre est un sophisme; et l'ordre ferait place à l'anarchie.

Avec cette organisation sociale, l'immense majorité n'a pas de véritable bien-être, c'est vrai. Mais si elle n'a pas de quoi satisfaire beaucoup de besoins, elle n'en éprouve pas beaucoup non plus. L'équilibre existe, à peu près; les masses sont à peu près heureuses, à leur point de vue, bien entendu. Malgré ces *à peu près*, l'ordre peut subsister : parce que, d'une part, elles sont résignées, étant fermement persuadées que leur sort est tel que Dieu l'a voulu, comme l'enseigne la révélation; parce que, d'autre part, elles n'ont pas le loisir nécessaire pour scruter la vérité de cette révélation.

Sous la souveraineté de la force brutale, sans aucun masque, et à laquelle on refuse toujours l'obéissance chaque fois qu'on le peut, les choses changent. Le maintien de l'ordre n'exige rien relativement à la question que je discute.

Augmentez, en effet, le bien-être des masses, et elles examineront l'état social d'autant plus facilement. Enlevez-leur tout le bien-être possible, et vous les pousserez d'autant plus à examiner. Et le résultat de cet examen sera toujours la désobéissance à la souveraineté, et les tentatives répétées de détruire l'ordre social, c'est-à-dire l'anarchie en théorie et en pratique; car ceux qui souffrent n'ont plus la foi religieuse pour les contraindre à accepter leur sort avec soumission.

. Dans le fait, comme on l'a vu, les masses ont moins de bien-être actuellement, sous la souveraineté du peuple, qu'autrefois, sous celle de droit divin.

C'est seulement sous la souveraineté de la raison incontestable que le bien-être peut exister pour tous. La base d'ordre, en effet, n'est pas renversable par l'examen.

Mais il y a plus : cette souveraineté exige, non-seulement que tous aient du bien-être, mais encore qu'il soit porté au *maximum*, c'est-à-dire qu'il consiste dans la satisfaction complète de tous les besoins rationnels que chacun peut éprouver, lorsque son intelligence a été développée au plus haut point dont elle est susceptible.

Et, à ces deux conditions, il faut en ajouter une troisième également indispensable : la société doit démontrer à chacun que le degré de son bien-être dépend exclusivement de lui.

Sans ce dernier point, chacun ne serait-il pas en droit de se plaindre qu'il n'est pas aussi heureux que possible, et d'accuser avec juste raison la société de n'avoir pas fait, pour lui, tout ce qu'elle pouvait et devait faire ?

14.

CHAPITRE XVIII.

L'IMPOT.

§ I. — Qu'est-ce que l'impôt?

La réunion de plusieurs familles domestiques forme une famille politique, c'est-à-dire, suivant son étendue, une tribu, une horde, une nation.

Toute association de familles domestiques est régie par une règle, et présente des institutions destinées à la mise en pratique de cette règle.

Ceux qui font marcher ces institutions doivent recevoir, pour ce travail, un salaire, lequel leur est payé par l'association.

Cette association est donc obligée d'avoir une richesse à elle, un revenu à elle.

Ce revenu social est constitué par l'impôt.

L'impôt, c'est le prélèvement sur les familles domestiques, au profit de la famille politique.

Dans la famille domestique primitive, en dehors de toute association politique, il n'y a pas d'impôt, ou plutôt le revenu domestique entier est impôt, le père en disposant dans l'intérêt de sa famille.

Le montant de l'impôt n'est autre que la richesse sociale, ou, au moins, une partie de la richesse sociale. Mais cette espèce de richesse peut être réellement ou illusoirement collective. Il en est de même de l'impôt, qui est à l'usage de tous ou de quelques-uns, suivant les époques, comme je le ferai voir plus loin.

Une famille domestique isolée a besoin de vivre et de se développer; elle a besoin de manger en un mot. La satisfaction de ce besoin a lieu au moyen de la consommation domestique. Une famille domestique non isolée, ou se trouvant en contact avec d'autres familles, a de plus besoin d'ordre. La satisfaction de ce besoin est l'objet de la consommation sociale, laquelle ne peut se faire que moyennant l'existence d'une richesse sociale ou collective.

L'impôt, considéré sous le rapport du but qu'il doit remplir, est donc le prix de l'ordre. Il sert à payer la protection que les lois assurent aux personnes et aux biens.

Comment l'impôt doit-il être prélevé, pour

que l'ordre puisse subsister? Telle est la question de la recette sociale.

Comment l'impôt doit-il être employé, pour que l'ordre puisse subsister? Telle est la question des dépenses sociales.

Je vais traiter ces deux questions successivement; mais il me reste encore à examiner quelques points dont la solution préalable est nécessaire.

Voyons d'abord ce qu'a dit de la définition de l'impôt un des plus célèbres et des plus forts critiques de notre époque. Cette étude ne sera pas sans quelque utilité.

L'impôt, a écrit Proudhon, n'est ni une *redevance*, ni un *loyer*, ni un *honoraire*, ni une *assurance*.

Ce sont là des erreurs, sinon toujours pour la société actuelle, au moins pour la société future.

Qu'est-ce qu'une redevance ou un loyer, en effet? C'est l'obligation de payer, en échange de la jouissance de telle ou telle chose. Le budget ecclésiastique en France, dit Proudhon, est une redevance payée au clergé, comme indemnité pour la perte de ses propriétés. Les serfs russes, affranchis il y a quelques années, doivent payer pendant un certain temps, à leurs anciens propriétaires, une redevance comme prix de la liberté que ceux-ci ont dû leur accorder.

Or l'impôt étant ce dont l'administration sociale a besoin pour donner à la nation les moyens de vivre, de se préserver de ce qui pourrait lui nuire, l'impôt n'est-il pas, à proprement parler, une redevance?

Dans la société future spécialement, l'impôt sera ce que chaque propriétaire individuel payera pour que sa propriété jouisse de la protection sociale. Ce sera véritablement le loyer de l'ordre.

Dans la même société, l'impôt sera également la redevance payée pour être préservé du retour possible de l'ignorance sociale et de ses conséquences : le paupérisme et l'anarchie.

L'impôt est aussi, au moins pour une partie, l'honoraire ou le salaire payé à ceux qui font marcher l'ensemble des institutions.

L'impôt, enfin, dans la société future, sera une véritable assurance contre le malheur. Il servira, en effet, à garantir le bien-être à tous, à ceux mêmes qui se trouveraient dans l'incapacité, native ou acquise, de travailler.

Pour Proudhon, l'impôt est un échange.

En affirmant cela, Proudhon est dans le vrai. Mais il ne s'est pas aperçu que cette définition renversait, au moins partiellement, les négations qu'il avait accumulées quelques lignes plus haut.

L'impôt est réellement un échange. C'est le prix de l'existence de l'ordre, de la vie sociale.

§ II. — *Les diverses espèces d'impôt. Sur quoi l'impôt tombe-t-il?*

Les impôts se distinguent entre eux, principalement eu égard à ce qui est imposé, ou à leur *base.* Les deux questions de la division des impôts en espèces, et de ce qui est atteint, au moins en apparence, par l'impôt, sont donc connexes. Je commencerai par la seconde.

Il n'existe, évidemment, que deux impôts bien distincts, et dont les natures sont complétement opposées : l'un qui se prélève sur la richesse, et l'autre qui atteint l'homme. Disons même que, au fond, il n'en est pas d'autres possibles, puisque, en dehors de l'humanité et des choses, il n'y a rien.

Etudions avec soin l'impôt sur la matière, et l'impôt sur l'homme.

Toute personnalité peut être considérée sous deux points de vue différents, relativement à l'action et à la passion ou à la sensibilité. L'homme est à la fois travailleur et consommateur.

L'impôt sur l'homme est donc, en même temps, un impôt sur le travail et sur la consommation. Il s'attaque au bien-être, à la jouissance, à la vie elle-même, et au moyen de la conserver, c'est-à-dire au travail. Celui qui n'a rien est contraint de travailler pour payer l'impôt, avant de travailler pour manger; il faut qu'il pense aux autres avant de penser à lui. Celui qui ne peut payer l'impôt doit mourir; et celui qui, n'étant pas propriétaire, réussit cependant à s'acquitter, ne le fait qu'aux dépens de son salaire; il en éprouve une diminution dans les moyens de conserver et d'entretenir son existence : il ne meurt pas de faim aiguë; il dépérit seulement.

L'impôt sur les choses ne s'en prend qu'à la propriété. Celui qui n'a pas de propriété ne paye rien. Celui qui en a paye facilement, et ne subit qu'une réduction dans sa richesse, sans rien souffrir du côté de sa personne.

En deux mots, la base de l'impôt est le nécessaire, ou le superflu.

L'impôt sur l'homme, ou sur la consommation, sur la jouissance, est pour ainsi dire une défense de consommer; c'est une sorte d'amende punissant la satisfaction des besoins.

L'impôt sur l'homme ou sur le travail est, au contraire, une excitation à travailler, dont la sanction est la mort par la faim. Il joue le même rôle, à l'égard des esclaves politiques, que le fouet du contre-maître à l'égard des esclaves domestiques. Et c'est en même temps une amende punissant ceux qui veulent travailler.

Ce n'est pas seulement le travail de l'homme existant actuellement qui peut être atteint par l'impôt; c'est aussi celui de l'homme qui n'existe pas encore. Quand, sous la souveraineté de la force, la société emprunte, elle grossit l'impôt suffisamment pour qu'il puisse solder l'intérêt de cet emprunt avec les autres dépenses sociales, et ce sont les travailleurs prolétaires qui payent le tout; il en résulte l'exploitation sociale du travail de la génération présente. Et si le remboursement du capital n'a pas lieu par annuités viagères, les générations futures sont en outre contraintes, avant de travailler pour vivre, de travailler pour payer l'intérêt d'un capital emprunté sans leur consentement, dans un autre but que leur bien-être. C'est là l'exploitation sociale héréditaire du travail, par laquelle l'impôt grève le travail des générations futures.

Il se présente quelque chose d'approchant, pour l'impôt sur la richesse.

Ce n'est pas seulement la richesse de l'homme vivant encore que l'impôt peut frapper; c'est aussi celle de l'homme qui n'est plus. Les droits de succession, en effet, tombent sur les richesses acquises par les générations passées.

Après avoir exposé les deux impôts fondamentaux, énumérons-en les diverses variétés, en rappelant qu'il va être exclusivement question de ce qui est atteint en apparence.

L'impôt est *foncier, mobilier,* ou *personnel,* suivant qu'il est placé sur la richesse foncière ou au moins sur la rente, sur la richesse mobilière, ou enfin, non sur le travail, qui est insaisissable, mais bien sur la faculté de travailler, sur l'homme.

Dans les deux premiers cas, ceux de l'impôt

sur la richesse ou sur les *choses*, l'impôt est évidemment *impersonnel*.

Il est clair encore que l'impôt personnel ou l'impôt sur le travail est frappé sur ce que l'on gagne, ou sur le *salaire*; tandis que l'impôt impersonnel tombe sur le travail passé, sur ce que l'on possède, ou, enfin, sur ce que l'on a gagné : sur la *propriété*, en un mot.

L'impôt des patentes est un exemple d'impôt sur le travail. Il frappe, en effet, l'exercice d'une profession ou d'un métier, et non le capital engagé, puisque le propriétaire d'un capital égal n'est pas sujet à cette espèce d'impôt, aussi longtemps qu'il ne travaille pas.

L'impôt de *capitation*, ou par tête, est encore celui qui frappe la personne.

L'impôt peut aussi être placé sur la *consommation* ou sur la *production*. Dans le premier cas, il atteint ce qui est consommé, et se solde au moment de la consommation. C'est, au fond, un impôt sur la personne, sur la *jouissance*. Tous les impôts mis sur les substances alimentaires en sont un exemple. Dans le second cas, n'atteint que la matière servant à la production; il est l'impôt frappé sur le *capital*.

L'impôt est *direct* ou *indirect* suivant qu'il s'adresse à chacun en lui demandant une cotisation relative à sa fortune, ou suivant qu'il n'est exigé de chacun que par une voie détournée, par l'intermédiaire de la consommation, à mesure que celle-ci s'opère.

L'impôt sur la matière est *proportionnel* ou

progressif, selon qu'il conserve toujours le même rapport avec la richesse sur laquelle il se prélève, ou que ce rapport s'accroît en même temps que la richesse imposée.

Enfin, l'impôt est *unique* ou *multiple* suivant qu'il a une ou plusieurs bases.

§ III. — *Qui paye l'impôt, en réalité?*

La question du rapport de l'impôt avec la domination, soit du travail, soit de la matière, est très-importante. En la résolvant, on saura qui paye l'impôt en apparence, et qui le paye en réalité; on saura en outre qui profite de l'impôt. Ces deux problèmes feront le sujet du présent paragraphe et du suivant.

Des deux éléments de production, celui qui possède la suprématie a le pouvoir de se débarrasser, aux dépens de l'autre, du poids de l'impôt dont la société voudrait le charger; et ce pouvoir, il ne manque pas d'en user.

Dès l'abord, on est donc assuré de deux points.

Il y a impossibilité absolue à ce que l'impôt frappe simultanément la richesse et le travail. Car celui-ci domine celle-là, ou est dominée par elle; il n'existe pas de milieu imaginable. Or, pourquoi celui qui est capable de ne rien payer payerait-il quelque chose?

Sous la domination du travail, celui-ci ne

payo rien; l'impôt grève exclusivement la richesse; tandis que sous la domination de la richesse, c'est le travail qui paye tout, quelles que soient les apparences contraires.

Étudions maintenant de quelle façon on peut se décharger de l'impôt au détriment d'autrui; c'est ce que l'on a appelé le phénomène de la diffusion, ou de la répercussion de l'impôt.

Il y a deux manières de se rembourser de l'impôt :

1º En se le faisant rendre par une autre personne;

2º En profitant du budget.

J'examinerai ici seulement le premier procédé, renvoyant au § IV pour ce qui concerne le second.

Remarquons d'abord qu'il n'existe que deux cas possibles : ou bien le contribuable paye et ne peut exercer son recours sur d'autres, et alors c'est bien lui qui acquitte réellement l'impôt; ou bien il paye à la société et reprend à un particulier, d'une façon quelconque, ce qu'il a déboursé. Celui-ci en agit de même à l'égard d'un troisième, et cela continue jusqu'à ce qu'on arrive à quelqu'un qui soit incapable de se faire restituer ses avances. Mais alors les premiers n'ont fait qu'avancer l'impôt, dont toute la charge retombe sur celui auquel s'est arrêtée la répercussion.

Cette répercussion successive de l'impôt doit évidemment s'arrêter quelque part, sinon personne n'aurait versé l'argent qui est entré dans les caisses de l'Etat. Je me crois obligé d'attirer l'attention sur ce point, parce que certains économistes, parmi lesquels compte M. le représentant Coomans, paraissent admettre, sinon comprendre, que chacun réussit *toujours* à se faire rendre, par ceux qui l'entourent, ce qu'il a payé comme impôt.

Comment a lieu cette répercussion? Comment est-elle rendue possible? D'une manière fort simple : au moyen des échanges. L'impôt se place toujours, en effet, dans le prix des choses; et, sous ce rapport, tous les impôts pourraient être appelés des impôts de consommation.

L'acheteur paye toujours l'impôt, en même temps que l'objet qu'il se procure, quitte à se faire rembourser par celui auquel il vend, s'il en a la puissance. La répercussion finit quand il n'y a plus d'échange, c'est-à-dire lorsque la consommation a lieu; et c'est le consommateur qui semble acquitter définitivement la contribution.

Mais il y a ici une distinction importante à faire.

Sous la domination de la richesse, le riche frappé par l'impôt le met, soit dans le prix de location, s'il est propriétaire foncier, soit dans la facture, s'il est commerçant, soit dans l'intérêt, s'il est capitaliste, etc., etc.; et c'est le travail qui paye.

Sous la domination du travail, au contraire,

le travailleur qui se verrait atteint par l'impôt le mettrait dans son salaire, et la richesse serait obligée de payer.

Ainsi, l'impôt ne frappe souvent qu'en apparence celui qui le solde; ce dernier fait une avance dont il se rembourse sur ceux avec lesquels il se met en rapport d'échange. Et c'est celui qui n'a pas la possibilité de se rembourser, c'est-à-dire le propriétaire, sous la domination du travail, le travailleur pauvre sous celle de la richesse, qui paye l'impôt en réalité.

En résumé :
L'impôt tombe sur tous ou sur quelques-uns :
Sur tous, lorsqu'il grève le travail, puisque tous sont travailleurs;
Sur quelques-uns, quand il frappe le superflu, la richesse, puisque tous n'ont pas de superflu.
Voilà pour l'apparence; voici pour la réalité.
L'impôt frappe exclusivement le travail ou la richesse.
Quand il tombe sur tous, ce n'est qu'illusoirement : car les riches s'en débarrassent sur les pauvres, qui seuls sont frappés et payent pour tous.
Quand il pèse sur quelques-uns, les riches, ce n'est qu'illusoirement : car, en leur qualité d'hommes ou de travailleurs, ils ne sont pas atteints; la richesse seule, ou la matière, est frappée.

§ IV. — *Qui profite, en réalité, de l'impôt?*

Revenons un instant sur la distinction à faire, sous le rapport des consommateurs, entre les sociétés soumises à la force et celle qui est sujette de la raison.

Tout impôt, ai-je déjà dit, se trouvant toujours rejeté dans le prix des choses, devient par ce fait même un impôt de consommation. Cet impôt de consommation est avancé, d'abord par le propriétaire de la chose imposée, puis lui est remboursé par celui qui achète la chose, ou par le consommateur.

Mais il y a une ou deux espèces de consommateurs, suivant les époques sociales. Sous la souveraineté de la force, par exemple, ils sont riches ou pauvres, tandis que sous celle de la raison, il n'y a plus de pauvres, tous étant plus ou moins riches.

De cette différence entre les deux constitutions sociales résulte, comme je l'ai déjà fait voir, une différence correspondante dans la personne de celui qui paye l'impôt en réalité. Mais il en découle une autre relative, cette fois, à la personne de celui qui profite réellement de l'impôt.

Quand la force règne, en effet, c'est la richesse qui domine; il y a des forts et des faibles, des riches et des pauvres. L'État n'est, à proprement parler, que la réunion des premiers, les autres,

— esclaves domestiques ou politiques, serfs, ou prolétaires, — ne constituant qu'une sorte de richesse particulière, à la disposition des riches.

Aussi le revenu social n'est-il dépensé, alors, qu'au plus grand avantage des riches : soit des propriétaires fonciers ou des nobles, quand il y a souveraineté de la force masquée du sophisme d'une révélation, soit des bourgeois, des capitalistes, quand on en est réduit à la souveraineté du peuple.

Ce que les consommateurs riches ont payé comme impôt, ils le reprennent donc par leur participation au budget.

« Ce que le pauvre paye, a écrit J.-J. Rous-
» seau, est à jamais perdu pour lui, et reste ou
» revient dans les mains du riche; et comme
» c'est aux seuls hommes qui ont part au gou-
» vernement, ou à ceux qui en approchent,
» que passe tôt ou tard le produit des impôts,
» ils ont, même en payant leur contingent, un
» intérêt sensible à les augmenter. »

Lorsque la raison est souveraine, les choses changent du tout au tout. Le travail domine la richesse. Il n'y a plus, socialement, ni forts ni faibles. Il n'existe plus de consommateurs pauvres. L'Etat, alors, est la réunion de tous.

Aussi le revenu social est à cette époque dépensé au profit de tous. N'est-il pas employé, en effet, au plus grand avantage de chacun, depuis le moment où l'intelligence commence à se développer jusqu'à la mort? Tous ne reçoivent-ils pas, d'abord, leur part dans les connaissances arquises par les générations passées? La société ne donne-t-elle pas ensuite une dot à chacun, à sa majorité d'âge? Ne prête-t-elle pas des capitaux, en concurrence avec les capitalistes individuels, afin de maintenir les salaires au plus haut point possible? Ne vient-elle pas en aide, enfin, à ceux que le malheur rend incapable de travailler?

Ce que chacun a pu solder comme imposition lui rentre donc par le bénéfice qu'il recueille des dépenses sociales. Et personne, en réalité, ne payant plus, c'est ainsi que l'impôt cesse d'être personnel.

Récapitulons ce paragraphe.

Tous ceux qui tirent avantage des dépenses sociales ne payent l'impôt qu'en apparence; car ils rentrent, par cette participation, dans leurs déboursés.

L'impôt est dépensé dans l'intérêt de tous ou de quelques-uns.

Tous profitent de l'impôt, quand il est utilisé pour porter la domination du travail au *maximum;* car tous sont travailleurs.

Les riches seuls profitent de l'impôt, quand il est employé à porter la domination de la richesse au *maximum.*

L'impôt tombe sur tous ou sur quelques-uns.

Quand tous paraissent atteints, en réalité les pauvres seuls le sont; les riches, prenant seuls part au budget, ne font qu'avancer leur contingent.

Quand l'impôt semble ne frapper que les riches, personne n'est grevé, la richesse seule paye; car tous tirant profit du budget, rentrent par cela même dans leurs avances.

§ V. — *La quotité de l'impôt.*

L'impôt étant le revenu nécessaire à la société pour maintenir l'ordre, n'est pas une privation, contrairement à ce que soutiennent la plupart des économistes et des socialistes, entre autres Garnier et Proudhon; pas plus que ce que l'on paye en échange de ce qui est nécessaire à la vie. Loin de là, l'impôt est la richesse sociale, la richesse collective, la richesse de tous.

L'impôt n'est pas davantage une atteinte à la propriété, une injustice, comme l'avancent encore la plupart des économistes et des socialistes, entre autres J.-B. Say et Proudhon; loin de là, c'est le moyen fourni à la société pour qu'elle puisse protéger la propriété.

Il faut donc que l'impôt soit toujours suffisant pour que le but cherché puisse être atteint.

Tous les économistes, pour ainsi dire sans exception, soutiennent que l'impôt doit être réduit au *minimum.*

Ecoutons Bastiat, l'écho des économistes.

« Le *maximum* de l'impôt, dit-il, c'est la
» servitude; car l'esclave est l'homme à qui
» l'on prend tout, même la liberté de ses bras
» et de ses facultés. »

Il y a deux choses à critiquer dans ce passage.

D'abord, le *maximum* de l'impôt n'est la servitude que s'il frappe le travail, l'homme; mais s'il frappait la richesse, la matière, le travail ne resterait-il pas libre, quelle que fût l'énergie avec laquelle la richesse serait atteinte?

Ensuite, l'esclave est l'homme auquel on a enlevé la liberté de ses bras et de ses facultés, en le plaçant dans l'impossibilité de les exercer: en ne mettant pas à sa disposition la matière première, le sol, et en ne développant pas ses facultés par l'éducation et l'instruction.

On pourrait donc retourner la phrase de Bastiat et dire, cette fois avec toute raison :

Le *maximum* de l'impôt, c'est la liberté, quand il frappe la richesse : quand le sol et une partie des capitaux constituent la propriété collective; quand la société donne à tous instruction et moralité.

D'autre part, si chacun dépense, et dans la mesure de ses moyens, la société dépense pour tous, aussi selon ses moyens. Alors, plus la société est riche, plus ses dépenses peuvent être grandes, et plus tous sont socialement riches.

Dès-lors ne peut-on pas affirmer, avec une égale justesse, que le *maximum* de l'impôt, c'est le bien-être universel?

Les socialistes suivent généralement les traces des économistes sur la question du montant de l'impôt. Ecoutons un des plus illustres d'entre eux.

« Réduction illimitée de l'impôt, au rebours
» de l'ancienne et homicide maxime, faire ren-
» dre à l'impôt tout ce qu'il peut rendre, telle
» doit être, a dit Proudhon, en ce qui concerne
» la quotité de l'impôt, la règle générale. »

Quand la société est organisée de manière
que l'impôt frappe le travail, et que son produit
est dépensé au profit des riches, c'est-à-dire de
quelques-uns, nul doute que la réduction illimitée de l'impôt, si elle était possible, ne fût
chose fort agréable aux autres, c'est-à-dire aux
travailleurs pauvres.

Mais dans une société constituée de façon que
l'impôt frappe la richesse et que le montant en
est dépensé au profit de tous, n'est-il pas évident
que plus il sera élevé, et plus tous seront heureux?

Rectifions encore une assertion de Proudhon.

« Combien, demandait le législateur antique,
» le producteur, taillable et corvéable, doit-il
» donner à ses maîtres et à l'Etat? — Tout, ré-
» pondait le droit divin, moins ce qui lui est
» absolument indispensable pour vivre.

» Combien, demande à son tour le législateur
» moderne, le producteur devenu citoyen doit-il
» garder? — Tout, répond le droit révolution-
» naire, moins ce qui est absolument indispen-
» sable à l'Etat pour faire le service qui lui est
» demandé. »

Le droit moderne veut donc que la propriété
individuelle soit au *maximum*, et la propriété collective au *minimum* possible. Le droit révo-

lutionnaire demande donc la perpétuité du paupérisme, de l'esclavage du travail : c'est un économiste, un bourgeois. Le droit révolutionnaire ne s'aperçoit pas que la coexistence du paupérisme et de l'incompressibilité de l'examen est désormais une chimère : c'est un sot.

Dans l'avenir, la réponse du droit sera bien différente. A la question :

Combien la richesse doit-elle donner à l'État? — Tout, répondra le droit rationnel, moins ce qui doit rester entre les mains des individus pour servir d'excitation au travail.

Et à celui qui demanderait :

Combien le travail doit-il donner à l'État?— Rien, répondrait ce même droit; tout son produit lui appartient.

Ces réponses prouvent que le droit rationnel veut une société où le travail soit libre, où la propriété collective soit au *maximum*, où, par conséquent, le bien-être de tous soit le plus grand possible.

Chose remarquable : en même temps que l'impôt sera au *maximum*, il ne constituera que ce qui est strictement nécessaire à l'Etat pour faire le service qui lui est demandé; je le montrerai au § vi.

Pour les économistes comme pour les socialistes, qui regardent l'impôt comme une privation, une injustice, il est logique de demander la réduction de l'impôt à presque rien. Il serait plus logique encore d'en réclamer l'abolition

radicale; mais ces publicistes se sont peut-être
douté que ce n'était guère praticable. Alors,
auront-ils dit : diminuons au moins le mal autant que possible.

Mais Proudhon s'est basé sur un autre motif, qu'il a du reste parfaitement exposé. Ce
motif, le voici.

« La totalité des impôts se résolvant en un
» impôt sur la consommation, et par là en
» un impôt de capitation, il en résulte... que
» l'impôt se rapproche de l'égalité s'il s'abaisse,
» qu'il s'en éloigne s'il augmente. »

La conclusion de Proudhon est fort bien dé-
duite, une fois admis son point de départ; mais
ce point de départ est-il fondé? Nullement.

La totalité des impôts se résoud en un impôt
sur la consommation, quand le travail est esclave, quand le budget est employé exclusivement à l'avantage de la richesse. Mais lorsque,
par une nouvelle organisation sociale, le travail
est libre, et que les dépenses sociales sont effectuées au profit de tous, alors le travailleur met
l'impôt dans son salaire, comme aujourd'hui
le marchand le met dans sa facture, et il le fait
payer par la richesse. La totalité des impôts se
résout, alors, en un impôt sur la richesse.

Dès lors, le motif allégué par Proudhon perd
toute valeur, et il doit céder la place à une raison
entièrement opposée, ayant pour conséquence
l'élévation du revenu social au *maximum* possible.

Cette raison, la voici.

Si, dans la société régie par la souveraineté de la force, il y a tendance à ce que la richesse des uns et la misère des autres aillent toujours en progressant parallèlement, — et l'impôt, par l'exploitation sociale du travail qui en est la conséquence, facilite beaucoup ce développement, — dans la société soumise à la raison, il y a tendance à équilibrer, à égaliser si l'on veut, les fortunes, tout en conservant entre elles une différence qui serve d'excitation suffisante au travail, et de mesure au mérite. Et cet équilibre est obtenu au moyen de l'impôt, servant de contre-poids aux inégalités organiques, à la faiblesse, et au malheur. La société, à cette époque, ne dépensera-t-elle pas, en effet, surtout dans l'intérêt des malheureux, l'argent prélevé sur la richesse ?

Or, la propriété de chacun se compose, alors :

De sa part dans la propriété collective; et toutes ces parts sont égales;

De sa propriété particulière; et ces parts sont inégales.

En conséquence, plus considérable sera la propriété collective, plus grandes seront les parts de cette propriété, et moins marquées seront les différences entre les richesses de chacun.

En passant de la société actuelle à la société future, la proposition de Proudhon se transforme donc, et devient ce qui suit :

La totalité des impôts se résolvant en un impôt sur la richesse, et étant employée au bénéfice de tous, il en résulte que plus l'impôt, ou la richesse de tous, est élevé, et plus les richesses de chacun se rapprochent de l'égalité.

§ VI. — *L'impôt aux différentes époques sociales.*

Le but de l'impôt est, ai-je dit en commençant ce chapitre, de donner à la société les ressources indispensables pour qu'elle puisse maintenir l'ordre, pour qu'elle puisse vivre.

La quotité de l'impôt, la manière dont il est perçu, et celle dont il est dépensé, sont donc relatives à la difficulté plus ou moins grande de se préserver de l'anarchie, ou aux frais plus ou moins importants qu'exige la conservation de l'ordre.

Je vais traiter successivement ces trois points.

L'impôt est peu considérable sous le despotisme, pendant la période où l'examen est encore compressible. L'ordre existe par la soumission de tous à la même foi religieuse; la liberté est absente. Un gouvernement despote est nécessairement à bon marché : un bâton et une muselière lui suffisent.

A mesure que l'esprit d'examen se débarrasse de ses entraves, l'ordre devient moins facile à sauvegarder : la muselière est hors de service, et il faut autre chose qu'un bâton pour se faire obéir. Dès lors, les impositions augmentent en proportion du développement que prend la civilisation. Cela se remarque principalement quand les sociétés ont passé à la forme bourgeoise. L'ordre despotique a été graduellement remplacé par la liberté en apparence, par l'anarchie en réalité; car la liberté sans la souveraineté de la raison n'est que l'anarchie.

Mais c'est surtout quand la société est soumise à la raison que l'impôt doit être élevé. La liberté et l'ordre coexistent à cette époque, et, comme on va le voir, rien ne coûte plus que de maintenir cette harmonie.

Que s'agit-il d'obtenir, en effet?

Il est devenu complétement impossible d'empêcher l'examen. Cela posé, si l'on veut que l'ordre subsiste, que les révolutions n'ébranlent pas à chaque instant l'ordre établi, il faut, de toute nécessité : que chacun ait toujours les moyens de pourvoir à ses besoins rationnels; que les malheureux, se reconnaissant les arbitres de leur situation, n'en rendent plus la société responsable; que personne n'ignore que probité et duperie, ou sottise et honnêteté, ne sont évidemment pas des termes synonymes.

Il faut, on le conçoit, un budget considérable pour arriver à un pareil résultat. On le comprendra encore mieux plus loin.

Tant que la révélation religieuse est socialement acceptée, la question d'ordre se borne à en empêcher l'examen. Pour cela, il faut que l'immense majorité n'ait pas de loisir, autrement dit, qu'elle soit contrainte à un travail continuel pour vivre : en deux mots, il faut que le paupérisme prenne naissance et se développe.

L'unique moyen d'arriver à ce résultat, c'est l'aliénation du sol, ayant pour conséquence que l'impôt tombe en entier sur le travail.

Plus tard, quand l'examen est émancipé, il ne s'agit plus que de l'entraver autant que possible. A cet effet, toute augmentation d'impôt tombant en fin de compte sur le travail, il faut y avoir recours pour ralentir l'esprit de recherche en astreignant les travailleurs sans propriété à un labeur toujours plus acharné. Cette augmentation d'impôt est d'ailleurs nécessaire pour faire face aux frais toujours croissants nécessités par l'imminence de l'anarchie.

Enfin, quand la société est basée sur la révélation scientifique, quand elle est soumise à la raison méthodiquement reconnue et démontrée, la conservation de l'ordre consiste, d'abord à se préserver simultanément du retour du paupérisme, du retour du despotisme, et du retour de l'anarchie, ensuite à inculquer à chacun cette révélation scientifique : ensemble qui exige un revenu social considérable.

Dans toute société où s'observe le paupérisme, il y a nécessairement haine entre la classe propriétaire et celle qui n'a rien, et tendance de la dernière à déposséder la première.

Alors, comme les propriétaires sont les maîtres, ils employent naturellement le revenu social à se garder contre les misérables.

« La plus grande partie des frais de l'éta-

16.

» blissement social, a dit Sismondi, est destinée
» à défendre le riche contre le pauvre, parce
» que, si on les laissait à leurs forces respec-
» tives, le premier ne tarderait pas à être dé-
» pouillé. »

Je n'ai plus besoin de faire remarquer au
lecteur que l'impôt étant payé en totalité par les
pauvres, ce sont eux qui donnent aux riches
les moyens de se protéger contre le prolétariat.

Ainsi, dans la société telle qu'elle est organisée depuis l'origine de l'humanité jusqu'à nos
jours, l'impôt sert à défendre une partie de l'association contre le paupérisme de l'autre partie.
Et plus ce paupérisme augmente, plus le danger
devient considérable, et plus l'impôt doit être
élevé.

La société future, au contraire, employera
l'impôt à se garantir contre le retour du paupérisme moral et matériel.

Voyons maintenant qui paye l'impôt, aux
différentes époques de l'histoire humanitaire.

L'Etat, — c'est-à-dire les forts, tant que la
souveraineté de la raison n'est pas reconnue, —
a toujours eu pour but de rechercher l'argent
dont il avait besoin, non pas, comme le prétend
M. Thiers, où il était plus facile de le *trouver,*
mais bien où il était plus aisé de le *prendre.*

L'argent se trouve facilement chez ceux qui
en possèdent ; c'est évident.

Les riches s'opposent à ce qu'on le leur prenne ;
c'est aussi évident.

Mais l'État a besoin d'argent, et les faibles n'en ont guère. Comment faire?

Les forts avancent l'impôt, et se font rembourser par les faibles, en s'appropriant la plus grande partie du produit du travail de ceux-ci, ne leur laissant ainsi que le strict nécessaire pour ne pas mourir de faim.

Pendant toute la durée du règne de la force, les forts, les propriétaires, sont favorisés sous le rapport de l'impôt; avec cette différence que, pendant la féodalité nobiliaire, ce sont surtout les propriétaires fonciers, et pendant la féodalité bourgeoise, les propriétaires mobiliers.

Dans la société future, l'État sera composé de tous. Il prendra l'argent nécessaire là où il est le plus facile à trouver, là où il existe, chez les riches, enfin. Et ceux-ci ne s'y opposeront pas, sachant bien que, à cette époque, ils payent seulement en apparence, puisque, en leur qualité de travailleurs, ils sont exempts d'impôt. En réalité, la richesse seule payera, et, à ce point de vue, on peut dire que l'État, alors, ne prendra d'argent à personne.

Et qui profite, enfin, de l'impôt? Autrement dit, comment et dans quel but est-il dépensé?

On a vu plus haut, au § IV, que l'impôt profite soit à quelques-uns, aux riches par conséquent, puisque tous ne peuvent être riches, soit à tous, donc aux travailleurs, puisque l'essence de l'homme est le travail.

Or, l'impôt ne peut favoriser les riches qu'en

protégeant la domination de la richesse; tandis qu'il est avantageux à tous, s'il assure et développe la domination du travail.

Voyons donc comment l'impôt doit être organisé pour établir, puis renforcer successivement l'une et l'autre de ces dominations.

Comme on le sait déjà, c'est l'état d'aliénation ou de communauté du sol qui cause la domination de la richesse sur le travail, ou du travail sur la richesse.

On sait également que la société régie par la souveraineté de la force consiste, au point de vue matériel, dans la domination de la richesse.

Le revenu social de cette époque doit donc être employé exclusivement au maintien et au développement de cette situation. Et c'est à quoi il parvient aisément, puisque, par l'aliénation du sol, tout impôt est payé, en définitive, par le travail. Alors, chaque augmentation d'impôt est suivie d'un accroissement correspondant dans l'esclavage des travailleurs.

Arrêtons-nous ici un instant.

L'influence de l'impôt sur l'exploitation du travail peut être plus ou moins directe.

Aussi longtemps que dure l'esclavage domestique, le travail est exploité domestiquement. Chaque maître exploite ses esclaves lui-même. L'impôt réclamé à chaque propriétaire d'esclaves, en proportion de leur nombre, n'influe que partiellement sur le sort de ceux-ci. Il est bien vrai que si l'impôt augmente, le maître qui veut conserver le même revenu doit exiger un travail plus considérable de ses esclaves; mais, d'autre part, il est vrai aussi que ce maître est intéressé à les ménager, puisqu'ils représentent pour lui une richesse mobilière importante.

Le revenu social est alors produit par une sorte de cotisation que les maîtres établissent entre eux pour se protéger mutuellement dans leur exploitation, contre les tentatives de révolte de leurs esclaves, et contre les attaques des maîtres étrangers.

Les maîtres forment ainsi une véritable fédération démocratique. Eux seuls, en effet, constituent le peuple; leurs esclaves ne sont que de la richesse mobilière. Aussi est-il permis de dire que, à cette époque, l'impôt est placé sur la richesse, et qu'il est juste, au moins autant qu'il est possible de l'être en dehors du règne de la raison.

Mais lorsque, — peu importe ici pour quel motif, — les esclaves domestiques ont été émancipés, l'exploitation du travail, de purement domestique qu'elle avait été jusqu'alors, devient en outre collective ou sociale, par conséquent d'autant plus dure. L'exploitation domestique existe encore, à l'égard de ceux qui sont absolument privés de capital. Il y a de plus l'exploitation en commun, au moyen de l'impôt, à charge de tous les travailleurs indistinctement. Les exploités sont devenus peuple; les maîtres exploitent désormais hiérarchiquement, monarchiquement.

J'ai dit que la situation des travailleurs, prétendus affranchis, s'était singulièrement aggravée. Qu'est-il advenu?

Celui qui avait jusqu'alors constitué une partie de la richesse d'une famille domestique, n'appartient plus, à dater de son émancipation, à personne, en apparence; mais, en réalité, il est esclave du capital. Dès lors, plus personne n'est intéressé à sa conservation; personne n'a de motif pour ne pas laisser l'impôt tomber de tout son poids sur le travailleur et l'écraser. Car, pour un prolétaire succombant sous le faix, n'y en a-t-il pas dix qui se précipitent pour prendre sa place?

L'impôt renforce donc la domination de la richesse : d'abord en portant les maîtres à augmenter l'exploitation domestique de leurs esclaves, plus tard, en ajoutant à cette situation l'exploitation sociale. Finalement, la domination de la richesse est poussée à son plus haut point par l'établissement des emprunts nationaux, donnant naissance à l'exploitation du travail des générations futures.

Les emprunts ne sont-ils pas contractés, en effet, au plus grand profit des riches? Les intérêts des emprunts n'augmentent-ils pas d'autant les dépenses sociales? Ne sont-ce pas les travailleurs pauvres qui, au prix de leur existence, payent les impôts? Et les prolétaires des siècles futurs ne devront-ils pas, avant de gagner leur pain quotidien, travailler pour payer l'intérêt des emprunts faits souvent à leur désavantage?

La force d'exploitation du travail est en raison directe de l'élévation des impôts.

N'oublions pas de faire remarquer que, durant toute cette époque, la société, ou les forts qu'elle représente, ne se soucie pas, et avec raison, de faire donner à tous l'éducation et l'instruction complètes. Ce serait, en effet, aller à l'encontre de la nécessité sociale de l'époque, qui exige l'esclavage complet du travail, sous le rapport intellectuel comme sous le rapport matériel.

L'état de communauté de la planète que nous habitons est, comme on le sait, la condition nécessaire et suffisante pour que le travail soit libre.

L'impôt relatif à cette organisation de la propriété doit donc favoriser, étendre, renforcer, autant que faire se peut, la liberté du travail, ou sa domination sur la richesse.

Or, si l'État ne doit pas faire grand'chose, une fois le sol aliéné, pour aggraver l'esclavage du travail, il importe, au contraire, qu'il fasse beaucoup, lorsque le sol est commun, pour porter la domination du travail à son *maximum*.

Quelles sont, en effet, les conditions de la liberté vraie du travail? Il faut :

Que le sol soit approprié collectivement, et mis à la disposition de tous;

Que le fonds commun intellectuel soit également mis à la disposition de tous.

Mais comment obtenir ces deux conditions?

Au matériel, la société doit adjoindre à chaque fraction du sol, mise en location, le mobilier indispensable à son exploitation.

A l'intellectuel, la société doit faire donner, à ses frais, à la jeune génération tout entière, l'éducation et l'instruction complètes.

Sans ces deux points, le fonds matériel et le fonds intellectuel sont seulement à la disposition des riches.

Voilà pour fonder la liberté du travail. L'impôt comprend, alors, la rente foncière tout entière.

Mais cela ne suffit pas. Il faut, non-seulement établir la domination du travail sur la richesse, mais encore pousser cette domination à l'extrême, et cela, dans l'intérêt des travailleurs, c'est-à-dire de tous.

A cet effet, remarquons que la liberté du travail se traduit, pratiquement, par l'indépendance du travailleur à l'égard du détenteur individuel de la matière. Et plus cette indépendance est grande, plus la domination du travail sur la matière est intense.

Or, comme la matière est absolument indispensable pour travailler plus qu'individuellement, pour produire dans le sens vulgaire du mot, le travailleur doit pouvoir s'adresser, non pas au capitaliste individuel, mais bien au capitaliste collectif, à l'Etat.

Voilà donc l'Etat obligé d'avoir en sa propriété, outre le sol tout entier, une grande partie de richesse mobilière.

Comment va-t-il se procurer cette richesse?

L'Etat, sous la souveraineté de la force, faisait peser l'impôt sur le travail des générations futures, pour augmenter la domination de la richesse. Sous la souveraineté de la raison, il fera peser l'impôt sur la richesse des morts, ou des générations passées, dans le but d'accroître la domination du travail; c'est-à-dire que le revenu social comprendra, outre la rente foncière, un impôt sur les successions.

Si, après cela, le revenu social n'est pas suffisant, il sera complété par un impôt qui, frappant la richesse individuelle, ne pourra jamais être rejeté sur le travail, puisque le sol est commun.

Et comment l'Etat dépensera-t-il cette richesse mobilière collective, pour porter la domination du travail à son *maximum?*

Il fournira une dot sociale à chaque individu entrant dans la société des majeurs;

Il fera concurrence aux capitalistes individuels pour prêter des capitaux aux travailleurs;

Il fera concurrence aux marchands pour servir d'intermédiaire entre le producteur et le consommateur;

Enfin il veillera au bien-être de ceux qui sont ou qui seraient devenus incapables de subvenir à leur existence par le travail.

Le lecteur commence-t-il à s'apercevoir que, pour garantir la liberté du travail, la société doit jouir d'un revenu dépassant tout ce dont on peut avoir l'idée à l'époque actuelle?

Terminons ce long paragraphe par quelques mots sur les rapports qui relient les impôts directs ou indirects aux formes sociales féodale et bourgeoise, ainsi qu'aux deux principales espèces d'esclavage.

Aussi longtemps qu'existe l'esclavage domestique, l'impôt indirect est ce qu'il y a de plus juste; il change de caractère aussitôt que l'esclavage domestique a cédé la place, par l'émancipation, au prolétariat.

Lorsque les maîtres d'esclaves sont taxés proportionnellement au nombre de ceux-ci, l'impôt est direct, relativement aux maîtres, et indirect, relativement aux esclaves. Il est juste, par rapport aux premiers, puisqu'il est proportionnel à leur richesse. Et à l'égard des derniers, comme cet impôt, ainsi que je l'ai déjà fait remarquer, influe peu sur leur sort, à cause de l'avantage qu'ont leurs maîtres à ne pas les exploiter outre mesure, il n'est pas injuste, ou, au moins, il ne revêt pas le caractère d'un assassinat social.

Il en est tout autrement après la prétendue émancipation des esclaves. Les prolétaires, que personne n'a intérêt à ménager, puisqu'ils ne sont la propriété de personne, doivent payer l'impôt indirect avant de manger, et par conséquent le payent aux dépens de leur existence. C'est *l'impôt ou la vie*.

Les impôts directs sont ceux des sociétés au début, des sociétés féodales, sans commerce et sans industrie. Il est évident que la première idée et la plus simple, pour obtenir un revenu social, c'est de s'adresser directement à ceux qui possèdent. De là les impôts directs sur les propriétés foncière et mobilière, sur celle des esclaves, et sur la faculté de travailler.

Plus tard, à mesure que la civilisation se développe, lorsque la féodalité nobiliaire a cédé la place au régime bourgeois, le maintien de l'ordre exige plus que ce que l'on pourrait, sans imprudence, demander directement.

Il y aurait un inconvénient grave, dit M. Thiers, à s'adresser directement aux personnes, à leur demander à certain jour de l'année, tous les mois, tous les trois mois, ou tous les six mois, le montant de leurs contributions, et à les prendre souvent au dépourvu, ce qui arrive particulièrement aux classes malaisées ordinairement peu prévoyantes.

C'est tout juste pour soutirer aisément et sans danger le plus d'argent possible aux classes qui souvent n'ont même pas le strict nécessaire, que les gouvernements ont inventé, puis donné un développement si considérable aux impôts indirects. Ceux-ci possèdent un avantage précieux, au point de vue de la perception : ils sont payés par fractions, au fur et à mesure de la consommation, sans que l'on s'en aperçoive pour ainsi dire.

Les impôts directs sont spécialement ceux des sociétés primitives, féodales, despotiques. Les impôts indirects sont ceux des sociétés civilisées, bourgeoises, en état d'anarchie latente ou patente.

Résumons-nous.

Il résulte de ce qui vient d'être exposé que, si le but de l'impôt est, à toutes les époques, de fournir les ressources sociales nécessaires pour maintenir l'ordre, son effet est loin d'être toujours le même.

Sous la souveraineté de la force, il tend à exagérer les inégalités des conditions.

Sous la souveraineté de la raison, au contraire, il a pour conséquence de les amoindrir.

Si l'effet produit par l'impôt varie avec les circonstances, on doit en dire autant de son mécanisme; et c'est logique.

Sous la souveraineté de la force, le prélèvement de l'impôt consiste à prendre le plus possible, en apparence à tous, et en réalité à quelques-uns, aux pauvres, pour donner aux autres, aux riches.

Sous la souveraineté de la raison, il consiste à prendre le plus possible, en apparence à quelques-uns, et en réalité à personne, pour donner à tous.

§ **VII.** — *Les impôts sous la souveraineté de la force, et, spécialement, les impôts actuels.*

Je vais faire voir, dans ce paragraphe, que la pratique des impôts concorde parfaitement avec la théorie exposée jusqu'ici. Les faits pourront servir de démonstration pour ceux qui, à tort, se figurent qu'en science sociale la théorie pure ne suffit pas.

J'examinerai les impôts actuels successivement sous le double rapport des recettes et des dépenses.

L'impôt foncier, en apparence directement placé sur la richesse foncière, est en réalité un impôt de consommation.

« Tout impôt sur la terre, disait l'abbé Maury, » est un impôt sur le blé. »

« Par l'impôt foncier, a répété après lui » M. Thiers, vous faites renchérir le pain et la » viande du peuple. »

L'impôt foncier est donc, dans le fait, un impôt sur le travail, sur la personne.

Faisons remarquer, à ce propos, une chose importante. Lorsque la propriété foncière sera entrée à la communauté, ce que chacun payera, comme loyer, lui rentrera sous une autre forme, puisqu'alors l'Etat sera composé de tous, et que tous profiteront de l'impôt. Comparativement, le loyer est donc actuellement un impôt prélevé sur les pauvres au profit des riches.

L'impôt sur les portes et fenêtres, variété de l'impôt foncier, grevant en apparence la richesse, tombe en réalité sur la jouissance de l'air et de la lumière. C'est un impôt sur la santé. Ceux qui ne peuvent pas l'acquitter deviennent phthisiques, scrofuleux et rachitiques.

Avant d'aller plus loin, n'oublions pas que l'impôt foncier est prélevé sur la propriété, sans égard aux charges hypothécaires qui pèsent sur elle. Pourquoi ? Parce que, sous le régime bourgeois, le capital domine, non-seulement sur le travail, mais encore sur le sol.

L'impôt sur la richesse mobilière, sous quelque forme qu'il se présente, que cette richesse soit utilisée ou prêtée par son propriétaire est, en apparence, un impôt sur la richesse : son nom l'indique. Mais, en réalité, c'est un impôt de consommation, et, par conséquent, un impôt sur le travail ou sur la personne.

« N'imaginez pas pouvoir faire contribuer les » marchands à l'impôt, disait Franklin : ils met- » tent l'impôt dans la facture. »

Les créanciers mettraient de même, dans l'intérêt, l'impôt qui serait placé sur les avances de capitaux ou sur les constitutions de rente.

L'impôt somptuaire, ou l'impôt sur le luxe, frappe le capital qui ne sert pas à la production, mais bien à la jouissance. Placé en apparence sur la richesse, il l'est, en réalité, sur le bien-être, sur la vie. C'est une amende comminée contre ceux qui désirent se procurer un plaisir, un objet de luxe, et, en même temps, c'est une diminution dans le travail relatif à cette catégorie d'objets.

« Avez-vous réfléchi, demande Proudhon, » que taxer les objets de luxe, c'est interdire les » arts de luxe?.. Êtes-vous sûrs que l'impôt de » luxe ne retombera pas sur l'ouvrier de luxe?.. »

L'impôt somptuaire essaye de se légitimer comme mesure de police. Étant admis que le luxe corrompt les mœurs, il était rationnel de vouloir le restreindre le plus possible. Mais il fallait aller plus loin qu'on ne l'a fait.

« Soyez donc d'accord avec vous-mêmes, et
» logiques jusqu'au bout, s'écrie Proudhon :
» au lieu de ces expositions de l'industrie et des
» arts, supprimez la peinture, la gravure, la
» statuaire, la musique, la céramique, les ma-
» nufactures de pianos et d'instruments; car
» tout cela est du luxe au plus haut degré... »

L'impôt des patentes est placé sur le travail, en apparence et en réalité.

« Le moins que l'on puisse reprocher à l'im-
» pôt des patentes, dit M. De Girardin, c'est
» d'avoir pour assiette, non le bénéfice, mais
» l'exercice de l'industrie. Deux marchands
» d'une même ville s'adonnent à la même pro-
» fession. L'un perd, l'autre gagne. Le fisc
» n'établit aucune distinction entre celui qui
» s'enrichit et celui qui se ruine. »

Les impôts de consommation ont un avantage; c'est que la perception en est facile. Mais en revanche ils présentent beaucoup d'inconvénients dont le plus grave est, sans contredit, de se réduire à un impôt de capitation, ou pis encore.

D'abord, l'impôt *sur* la consommation est un impôt *contre* la consommation.

« Depuis 1809, fait remarquer M. De Girar-
» din, la consommation du vin à Paris a
» diminué dans la même proportion que s'est
» augmentée la population de Paris, d'environ
» cinquante pour cent. »

« Presque partout, avait dit auparavant
» J.-B. Say, le bas peuple est obligé de se passer
» d'une foule de produits qui conviennent à
» une nation civilisée, par la nécessité où il est
» de se procurer d'autres objets plus utiles à
» son existence. En pareil cas, non-seulement
» le nombre des consommateurs diminue, mais
» chaque consommateur réduit sa consom-
» mation. »

Mais si la société actuelle est organisée de
manière à restreindre la consommation dans
les masses, elle est organisée aussi en faveur des
riches, des producteurs; il faut donc qu'elle
trouve, coûte que coûte, des débouchés pour
l'écoulement des produits. Et puisqu'elle rend
impossible, pour ainsi dire, la consommation
chez elle, elle est contrainte de chercher des consommateurs à l'étranger, par des traités de commerce et des réductions de tarifs douaniers.

« Ainsi, fait remarquer à ce sujet Proudhon,
» tandis que le gouvernement français main-
» tient à l'intérieur les *seize impôts* sur le vin,
» que les octrois aggravent encore la consom-
» mation des boissons de 10 à 30 centimes le
» litre, il sollicite de l'Angleterre une réduction
» de taxe à l'importation, et les producteurs
» vinicoles, peu soucieux de savoir qui boira

» leur liquide, de crier hosanna au traité de
» commerce. — Mais le même gouvernement
» impérial a dû, par compensation, réduire ses
» tarifs sur les marchandises du Royaume-Uni ;
» de là un déficit pour le budget : comment
» combler ce déficit ? En élevant de 25 francs
» par hectolitre les contributions sur les al-
» cools destinés à la consommation intérieure.
» En sorte que les Français, partisans ou non
» du libre échange, seront bientôt forcés, s'ils
» veulent boire à des prix modérés leurs vins
» et leurs eaux-de-vie, d'aller à l'étranger ! »

Un pays vivant sous la souveraineté de la force est donc porté à favoriser les consommateurs étrangers riches aux dépens des consommateurs nationaux pauvres.

Le défaut le plus grave des impôts de consommation est, — je l'ai déjà dit, — de se résoudre finalement en un impôt de capitation, ou même pis encore.

En apparence, ces impôts frappent en proportion de ce que chacun consomme. C'est même là ce que soutient fort erronément M. Thiers. Mais en réalité, c'est tout autre chose.

D'abord, l'État a soin de taxer surtout les objets dont on ne saurait se passer, et cela pour pouvoir compter sur un produit certain.

« Parmi les impôts qualifiés d'indirects, dit
» M. Passy, les seuls qui puissent rapporter am-
» plement sont ceux qui s'adressent aux pro-
» duits de première et universelle nécessité ;
» et voilà pourquoi les substances alimentaires

» ont été taxées avec une aussi regrettable pré-
» férence. »

Mais alors, comme tous, riches et pauvres, consomment à peu près la même chose en fait de produits de première nécessité, il est clair que tous, riches et pauvres, payent environ la même somme à l'État, de ce chef; que les impôts de consommation se résument ainsi en une capitation égalitaire.

« Prenons par exemple l'impôt du sel, dit
» encore M. Passy; c'est une capitation ou pis
» qu'une capitation. Rien de plus simple à
» démontrer. Le sel est une de ces choses dont
» personne ne peut se passer, et dont chacun
» use en quantité pareille. Qu'en résulte-t-il?
» C'est que chacun paye la même somme à
» l'État, à l'occasion du sel dont il a besoin. »

Mais ce n'est pas tout. Les impôts de consom-
mation auxquels se réduisent tous les impôts actuels, ne se résument pas même en une capitation. Les citoyens contribuent aux charges pu-
bliques *en raison directe* de leur pauvreté.

« L'impôt indirect et l'octroi, a dit M. Léon
» Faucher, accablent de tout leur poids l'ou-
» vrier et l'artisan des villes. Les contributions
» sont réparties à certains égards en raison in-
» verse des facultés contributives; on voit trop
» que les propriétaires ont fait la loi, et qu'ils
» l'ont faite dans leur seul intérêt. »

Il est même juste de dire que l'impôt actuel n'est pas seulement proportionnel, mais bien progressif dans le sens de la misère, c'est-à-dire que moins une famille a de ressources, et plus elle donne proportionnellement à l'État. Proudhon a parfaitement établi cette thèse.

« Comme les impôts qui produisent le plus,
» dit-il, sont ceux établis sur les objets de pre-
» mière nécessité, sels, boissons, combustibles,
» tabacs, la conséquence est que tous ces impôts
» réunis forment une capitation générale, égale
» pour tous, sans distinction de fortune. Sur la
» somme de 125 francs que nous supposions
» tout à l'heure former la moyenne de contri-
» bution par famille (cette moyenne dépasse
» aujourd'hui 200 francs), on peut compter
» hardiment que les 4/5, soit 100 francs, con-
» stituent une capitation invariable. La consé-
» quence est facile à saisir. Abstraction faite
» des autres natures d'impôt, dont nous avons
» expliqué plus haut le mécanisme, chaque fa-
» mille se trouve taxée de la manière suivante :
» Pour un revenu de 1,000 — 100 = $1/10$
» 900 — 100 = $1/9$
» 800 — 100 = $1/8$
» 700 — 100 = $1/7$
» Il y a des familles dont le revenu ne dé-
» passe pas 600 francs; elles payent au fisc 1/6,
» soit 16.25 %.—D'autres familles jouissent de
» 25,000 francs, de 50,000 francs de rente.
» Elles payent, d'après cette progression dé-
» croissante, 1/250, 1/500 de leur revenu.
» C'est l'impôt *progressif*, c'est-à-dire pro-
» gressant en raison géométrique dans le sens
» de la misère. »

Plus les familles sont pauvres, et plus elles contribuent à la formation du revenu social. C'est parfaitement exact, si l'on se borne à considérer ce revenu sous le rapport de sa perception. Mais si l'on examine le revers de la médaille, c'est-à-dire la façon dont l'impôt est dépensé, alors il est juste de dire que ce sont les familles pauvres qui, *exclusivement*, acquittent l'impôt. Je le ferai voir plus loin, par la pratique.

Il résulte de tout ce que j'ai exposé jusqu'à présent que la distinction entre l'impôt unique et l'impôt multiple est vaine.

En réalité, les impôts sont toujours uniques, puisqu'ils tombent, soit sur la personne ou le travail, soit sur la richesse. En réalité, l'impôt actuel est unique, puisqu'il frappe uniquement la consommation. Mais, en apparence, les impôts sont multiples, puisqu'ils ont pour base, tantôt la propriété foncière, ou mobilière, tantôt l'exercice d'une profession.

Et pourquoi l'Etat a-t-il recours à la multiplicité des impôts? Tout simplement pour dissimuler cette vérité, que l'impôt est payé dans son entier par les pauvres.

« Puisque les taxes de toutes sortes se trou-
» vent reportées, quoi que fasse le législateur,
» sur le produit, et acquittées d'une façon à peu
» près égale par tous les chefs de famille, dit
» Proudhon, une capitation pure et simple ne
» serait ni plus ni moins onéreuse que les com-

» binaisonsen vogue; elle aurait sur elles l'avan-
» tage d'une répartition facile et d'une per-
» ception peu coûteuse. L'impôt pourrait être
» immédiatement dégrevé de la plus grande
» partie des frais que coûte sa perception, et
» dont le montant n'est pas moins, en France,
» de 160 millions, 10 pour 100. L'acquitte-
» ment d'une semblable capitation, même di-
» visée en douze payements, étant difficile aux
» familles pauvres, on pourrait l'exiger quoti-
» diennement, en chargeant, par exemple, les
» boulangers de la recette... »

De sorte que celui qui ne pourrait pas payer
son 365ᵉ ne mangerait pas ce jour-là.

« Mais il est évident, continue Proudhon, que
» jamais un gouvernement ne consentira à
» dévoiler d'une façon aussi claire la quotité
» des charges dont il accable chacun de ses
» administrés, et l'iniquité d'une répartition
» qui assimile l'indigent au millionnaire. Une
» capitation de 50 francs par tête, comme en
» France, soit 200 francs pour une famille de
» quatre personnes, sans préjudice de la con-
» scription, révolterait les consciences et les
» cœurs. La dissimulation d'une si atroce vérité,
» sous forme d'impôt foncier, mobilier, des pa-
» tentes, des contributions indirectes, etc., ap-
» paraît ici comme une mesure de prudence,
» essentielle au maintien de l'ordre social et à
» la conservation du gouvernement. »

Il s'agit tout uniment, comme on voit, de
plumer la poule sans trop la faire crier, en lui

donnant à croire que c'est la richesse surtout qui paye l'impôt.

Terminons cette critique des impôts actuels en discutant le budget d'un Etat moderne.

« En général, a dit Voltaire, l'art du gouver-
» nement consiste à prendre le plus d'argent
» qu'on peut à une grande partie des citoyens,
» pour le donner à une autre partie. »

On verra, par ce qui va suivre, combien cette appréciation est exacte.

Comme toutes les nations sont organisées au fond d'après le même type, quelles que soient les différences qu'elles présentent, il me suffira, pour établir la vérité de ce que j'avance, de la démontrer pour un cas particulier.

Je vais prendre pour exemple la Belgique, et en examiner la richesse nationale (1).

La richesse nationale belge foncière se compose d'un certain nombre d'hectares de terre, de forêts, etc., à quoi il faut ajouter plus ou moins de kilomètres de chemins de fer, et des constructions, des bâtiments, des palais, etc.

La richesse nationale belge mobilière est formée par le matériel servant à l'exploitation des voies ferrées, les approvisionnements de toute nature renfermés dans les arsenaux, etc.

Le revenu national belge se compose des

(1) Ce qui suit a paru dans un journal, il y a quelques années. Je conserve les données numériques sur lesquelles je me suis appuyé à cette époque.

impôts, sous leurs diverses dénominations. Le montant en est évalué, pour l'année 1868, à plus de 169 millions, y compris une quarantaine de millions représentant la rente des propriétés foncières nationales, domaines, forêts, chemins de fer, etc.

C'est le chiffre des dépenses nécessaires pour maintenir l'ordre, qui détermine le taux du revenu social. Il est donc permis de dire que la société belge a besoin de près de 170 millions annuellement pour se préserver de l'anarchie; résultat qu'elle n'atteint, du reste, pas toujours.

Voyons maintenant comment cette somme est recueillie, et au profit de qui, principalement, elle est dépensée.

Je dis *principalement*, pour aller au-devant d'une objection possible. On pourrait soutenir, en effet, que l'ordre est toujours profitable à tous les associés, et que, dans ce sens, les dépenses nécessitées par la protection de l'ordre sont toujours effectuées dans l'intérêt de tous.

Cela a pu être exact, mais ne l'est plus. Par suite des développements de l'intelligence chez les prolétaires, le sentiment général de malaise commence à être trop vif, et les aspirations à une forme sociale meilleure devient trop forte, pour que l'ordre actuel puisse encore être considéré comme réellement avantageux à l'immense majorité.

Ainsi l'ordre, aujourd'hui, intéresse surtout les bourgeois, et les dépenses faites pour sa conservation sont tout en faveur des bourgeois.

La richesse nationale belge est donc une richesse sociale en apparence : la richesse sociale non de tous, mais des bourgeois.

La famille sociale est constituée, de nos jours, d'une manière analogue à celle dont se trouvait organisée, sous le régime nobiliaire, la famille domestique. A cette époque, les aînés de chaque famille avaient presque tout dans la propriété domestique. Aujourd'hui, les familles aînées dans chaque nation, ou les bourgeois, jouissent de la totalité de la richesse sociale; les familles cadettes ou prolétaires en sont exclues.

Voici les principaux chapitres du budget des voies et moyens, en Belgique; je donne les chiffres en nombres ronds.

Impôt foncier. . . . . . . 19 millions.

Cet impôt est payé, soit par le propriétaire qui se le fait rendre par son locataire, soit immédiatement par le locataire. Celui-ci, ensuite, se rembourse en mettant l'impôt dans le prix de ses produits, et c'est en définitive le consommateur seul qui paye, en réalité.

Impôt personnel . . . . 11 1/2 millions.

C'est encore, au fond, un impôt de consommation.

Patentes . . . . 4 1/2 millions.

Droit de débit sur les alcools. 1 1/2 millions.

Droit de débit sur le tabac . 250,000 francs.

Encore trois impôts de consommation. Le prolétaire ne peut ni manger, ni boire, ni fumer, sans payer quelque chose à la classe bourgeoise. Et celui qui n'a pas de quoi acquitter l'impôt meurt de misère. Tous les ans, a dit J.-B. Say, une partie de la population périt de besoin, même au sein de la nation la plus prospère.

Redevance sur les mines .   450,000 francs.

C'est une espèce d'impôt foncier que les bourgeois, propriétaires de mines, consentent à prélever sur leurs bénéfices. Ils ont soin, du reste, de se faire rendre cette modique somme par les consommateurs de leurs produits.

Douanes . . . .   18 millions.
Accises . . . .   28 1/2 millions.

Autant d'impôts sur la consommation, comme du reste, actuellement, tous les impôts possibles.

Ce sont, dis-je, les consommateurs qui, en fin de compte, payent l'impôt. Mais il y a deux catégories de consommateurs : ceux qui ont beaucoup d'argent, et ceux qui n'en ont presque pas, ou les bourgeois et les prolétaires. Si ces deux catégories ne supportent pas ensemble le poids de l'impôt, quelle est celle qui en a la charge?

Les propriétaires immobiliers se débarrassent, comme on sait, de l'impôt en le rejetant sur les locataires. Les industriels se déchargent de l'impôt qui les frappent, en le plaçant dans le prix de leurs produits. Les commerçants en font autant, etc... De sorte que les consommateurs riches ne payant rien à l'Etat, c'est la catégorie des consommateurs pauvres qui paye tout.

Puis, qui profite du budget? Le bourgeois. Qui reçoit un salaire de l'Etat comme employé, officier, juge, professeur, ministre, représentant, etc.? Toujours le bourgeois qui rentre, encore de cette façon, et avec usure, dans les avances qu'il fait au trésor.

Ainsi les bourgeois, à l'avantage desquels se dépense le budget, reçoivent dans la main gauche ce qu'ils ont donné de la droite, et les prolétaires acquittent, des deux mains, l'impôt tout entier.

L'organisation sociale actuelle a donc résolu le problème difficile de faire donner, par ceux qui ont intérêt à renverser cette organisation, l'argent nécessaire pour la conserver. En Belgique, par exemple, les pauvres payent annuellement la somme de 170 millions aux riches, pour fournir à ceux-ci les moyens de conserver l'organisation sociale dont ils profitent exclusivement.

Passons à l'examen des dépenses sociales.

La dette d'abord.

La dette belge se compose de deux parties principales, — je néglige les détails, — qui sont :

L'intérêt des emprunts, fr. 37,034,474 74;

Les pensions. . . . . . fr. 7,477,444 44.

Le capital emprunté, c'est le riche qui l'avance, quand la classe bourgeoise a besoin, pour maintenir l'ordre ou augmenter son bien-être, de plus d'argent que l'impôt n'en rapporte. Ce capital est donc toujours dépensé en faveur des Belges qui ont de l'argent. L'intérêt des emprunts, c'est le prolétaire qui le paye. Cela fait donc 37 millions donnés annuellement par les pauvres pour augmenter la sécurité et les jouissances des riches.

Les pensions sont payées aux employés du gouvernement bourgeois qui ont passé leur vie à soutenir et à protéger l'organisation sociale existante. Dans ce sens, c'est donc environ 7 1/2 millions dépensés pour les Belges qui ont beaucoup d'argent. Dans un autre sens également; car, qui devient employé? le fils du prolétaire ou celui du bourgeois? Le prolétaire peut-il donner à ses enfants l'éducation et l'instruction nécessaires pour arriver à cette position? Cette somme de 7 1/2 millions n'est donc pas encore, à ce point de vue, dépensée au profit de tous.

Les dépenses du ministère de l'intérieur s'élèvent à près de 12 millions.

De ces 12 millions, il retire 12,000 francs pour donner des secours à ceux de ses employés qui, ne pouvant plus faire leur service, n'ont cependant pas droit à la pension.

Tout le reste peut être considéré comme dépensé exclusivement en faveur des riches.

La garde civique, par exemple, est instituée pour maintenir l'ordre à l'intérieur. Mais quelle espèce d'ordre? Celui qui profite aux bourgeois, évidemment.

La statistique générale coûte 49,000 francs par an. Ce n'est pas trop pour prouver que la prospérité est toujours croissante en Belgique.

Les récompenses honorifiques et pécuniaires entrent dans le total des dépenses du ministère de l'intérieur pour la somme de 12,000 francs. Autrefois la crainte de l'enfer et l'espoir du paradis avaient pour effet d'inspirer l'esprit de dévouement réciproque sans lequel nulle société ne peut vivre. Les gouvernements bourgeois ont inventé les croix, les décorations et les récompenses en argent pour remplacer le paradis, dans lequel on n'a plus guère confiance.

12,000 francs! Ce n'est pas trop pour mettre le paradis sur la terre. Seulement, la majeure partie des élus sont des bourgeois, et les frais d'entretien de ce paradis sont soldés par les prolétaires, par les damnés de notre état social.

La voirie et l'hygiène, et le service de santé, coûtent ensemble la somme de 1,800 mille fr. Cela n'empêche pas qu'en Belgique, comme partout ailleurs, du reste, tous les ans, — c'est J.-B. Say qui l'a dit, — une partie de la population ne périsse de besoin.

Les 1,200 mille francs consacrés à l'agriculture et à l'industrie ne s'opposent en aucune façon à ce que les salaires soient toujours au *minimum* des circonstances; preuve évidente que cet argent est dépensé seulement en l'honneur des capitalistes.

Le gouvernement bourgeois donne, en Belgique, plus de 3 millions pour l'instruction primaire, plus d'un million pour l'enseignement moyen, et environ autant pour l'enseignement supérieur. Mais à qui profitent ces trois enseignements? Très-généralement à ceux dont les parents ont de l'argent. Et quant aux cours qui sont censés gratuits, qui les paye? L'Etat. Et où l'Etat prend-il l'argent nécessaire pour cela? Dans la poche des consommateurs, et des consommateurs pauvres, pour tout dire. L'enseignement ne peut donc jamais être gratuit avec notre organisation sociale.

Que les parents payent directement l'instruction donnée à leurs enfants, ou qu'ils fournissent à l'Etat de quoi payer cette instruction, où se trouve la différence?

Tant que tous les enfants ne recevront pas, par les soins de la société, les enseignements primaire, moyen et supérieur, sans qu'il en coûte un centime aux parents, l'instruction restera le monopole de la richesse. Les millions que l'Etat donne tous les ans, en Belgique, pour l'instruction, sont payés par les pauvres, et dépensés dans l'intérêt des riches.

Le ministère de la guerre a coûté, en 1867, près de 85 millions.

L'armée est constituée dans deux buts principaux : l'ordre intérieur, et le maintien de la nationalité. Elle sert à défendre l'organisation bourgeoise contre l'anarchie, et contre l'ambition des voisins.

Pour ce qui regarde la protection contre la révolution, l'armée n'est évidemment pas faite en faveur des prolétaires; et quant à la défense contre les voisins qui voudraient détruire une nationalité, n'en est-il pas, au fond, de même?

Que les bourgeois qui dominent soient Français, Belges ou Anglais, les prolétaires n'en sont pas moins durement exploités. Notre ennemi, c'est notre maître, a dit La Fontaine : l'ennemi du prolétaire, c'est le bourgeois, d'où qu'il vienne.

Il ne faut pas se le dissimuler, les idées de patriotisme déclinent singulièrement. Les capitalistes ne sont plus patriotes, ou plutôt ils ne l'ont jamais été. L'argent est cosmopolite : *ubi bene, ibi patria*. Seulement, quand ils dominent quelque part, ils n'aiment pas à être supplantés par des capitalistes étrangers; c'est à cela que se borne leur patriotisme. Les prolétaires eux-mêmes, chez lesquels s'était réfugié l'amour de la nationalité, commencent à le perdre. Les associations internationales des travailleurs en sont la preuve.

Les 35 millions du ministère de la guerre sont donc dépensés au profit exclusif des Belges qui ont beaucoup d'argent, et qui employent une partie de ces millions pour se défendre contre les Belges qui n'ont pas d'argent. Et d'où vient cette somme? De la poche des consommateurs pauvres. Et comment cette somme est-elle utilisée? A solder une partie des travailleurs pour la faire battre contre l'autre partie. D'où naît cette situation singulière, que les prolétaires belges donnent leur argent et versent leur sang pour l'avantage des bourgeois belges.

Le ministère des finances nous prend plus

de 13 millions, presque tous destinés à faire rentrer les impôts dans les caisses de l'Etat. Cette somme est payée par les prolétaires à la collectivité bourgeoise, pour fournir à celle-ci les moyens de leur faire verser 170 millions. Avouons qu'une organisation sociale qui arrive à de pareils résultats est une machine fort ingénieuse.

Les travaux publics dépensent 38 millions passés. Est-il besoin de faire remarquer que ces millions profitent spécialement aux riches? Ne sont-ce pas eux qui usent le plus de la poste, du télégraphe, du chemin de fer? Sont-ce les commerçants ou les prolétaires qui ont particulièrement profité de l'abaissement du prix des lettres et des télégrammes? Puis, quand une réduction de tarif fait diminuer les recettes, et qu'il faut combler le vide par de nouveaux impôts ou un emprunt, d'où provient l'argent obtenu par ces moyens? Toujours de la poche des prolétaires.

Tout ce que l'on fait ou paraît faire actuellement pour eux se réduit à une espèce de tour de passe-passe : on leur prend de l'argent pour le leur rendre plus tard, diminué, bien entendu, des frais de perception. L'opération ne leur est guère profitable.

Sur cette somme de 38 millions, le ministère des travaux publics dépense 78,000 francs, une obole, en subsides aux caisses minières de prévoyance, à la caisse de retraite et de secours, etc...

Ce n'est, certes, pas le ministère des affaires

étrangères, inscrit au budget pour la somme de
8 1/2 millions environ, qui est utile au prolétariat. La principale fonction de ce ministère est
de faire représenter la bourgeoisie belge chez les
bourgeoisies des autres nationalités.

Les dotations réunies absorbent la somme
de 4 millions passés, sur lesquels nos législateurs
prélèvent plus de 600,000 francs pour fabriquer
des lois en faveur du bourgeoisisme.

Le ministère de la justice sert à sanctionner
les lois et règlements promulgués pour faire
vivre l'organisation sociale bourgeoise. Il dépense, à cet effet, la somme de 15 1/2 millions,
dont 5 1/2 millions pour le salaire des différents
cultes.

En bonne justice, il faudrait exiger l'observation des lois et règlements seulement de la
part de ceux qui les connaissent. Mais la société
ne peut avoir la certitude que tous ses membres
ont connaissance des prescriptions morales et
légales, que dans le cas où elle se donne la peine
de les enseigner à chacun; et c'est ce qui arri-
vera dans la société future.

Dans la société actuelle, les choses se passent
beaucoup plus simplement. Nul n'est censé
ignorer la loi, disent les jurisconsultes. Il n'en
est pas moins vrai que, pour la plupart, la loi
est chose complétement inconnue. Comment,
d'ailleurs, en serait-il autrement, lorsque l'instruction est abandonnée aux hasards de la fortune des parents, lorsqu'une grande partie des
citoyens ne sait même pas lire? Cependant

l'Etat, qui n'a appris à personne ce qu'il faut faire et ce qu'il faut éviter, n'en punit pas moins les infractions aux lois que les législateurs ont établies.

D'après cela, peut-on soutenir que le ministère de la justice fonctionne dans l'intérêt de l'universalité des citoyens, et que l'argent qu'il coûte est dépensé à l'avantage de tous?

L'Etat, ai-je dit plus haut, donne en salaire au clergé des différents cultes la somme de 5 1/2 millions. La bourgeoisie se procure de cette façon, pour les cas où la gendarmerie ne suffit pas, les services d'une espèce de milice spirituelle, propre à maintenir la foule des prolétaires dans le devoir, en leur présentant le paradis comme la récompense du respect de l'organisation sociale actuelle, et en leur montrant l'enfer comme la punition de ceux qui tenteraient de la changer.

Il en est du clergé comme de l'armée; les millions qu'il coûte sont payés par les prolétaires, et sont employés par la classe bourgeoise, à s'assurer leur obéissance et leur soumission. C'est ce que l'on appelle donner des verges pour se faire fouetter.

De cet examen des budgets de dépenses des différents ministères, il ressort avec évidence que les 170 millions du revenu national ne sont pas dépensés au profit de tous les Belges. Une seule classe en tire avantage, celle des riches; et cet avantage consiste à protéger la forme sociale bourgeoise contre l'autre classe, à se défendre

contre ceux qui en souffrent et auraient intérêt
à la voir changer, c'est-à-dire contre les pauvres.

De toutes les considérations émises dans le
présent paragraphe découle la preuve pratique
que l'impôt est acquitté par les pauvres exclusivement, et dépensé en faveur des riches exclusivement.

§ VIII. — *Les impôts dans la société future.*

Si les impôts actuels sont fournis par le travail, et utilisés par ceux qui possèdent, il en sera
tout différemment dans la société future : la
richesse seule contribuera à l'impôt, et l'Etat le
dépensera en faveur de tous.

Avant de le prouver pratiquement, émettons
quelques considérations sur l'impôt dans ses
rapports avec la justice absolue.

La société ne subsiste que par la protection
des choses, et des personnes. Le travail, en
effet, ne peut s'accomplir, comme la propriété
ne peut se conserver, que sous la protection
sociale.

Les choses et les personnes doivent payer
cette protection.

Le payement de la protection accordée à la
propriété doit être proportionnel à sa valeur.
Mais celui de la protection relative au travail
doit être toujours égal, en vertu de l'égalité de

tous les hommes. De plus, le travail paye personnellement sa part de protection. Si tous protégent chacun, chacun paye la protection dont il profite par celle que lui-même accorde à tous.

En conséquence, — toujours au point de vue de la justice absolue, — la propriété seule doit contribuer à la formation du revenu social. Cela s'accorde parfaitement avec les constatations déjà faites autre part, à savoir : que l'impôt ne peut atteindre simultanément les choses et les personnes; et que la richesse seule est frappée par l'impôt, sous la souveraineté de la raison.

Encore quelques mots à propos de l'impôt sur la personne.

Cet impôt se prélève en argent ou en nature. Il est, si l'on peut s'exprimer ainsi, indirect ou direct. Et, pour le faire remarquer en passant, c'est de l'impôt personnel de première espèce que je viens de parler, puisque c'est lui seul qui peut donner lieu à un revenu social.

L'impôt personnel indirect frappe la personne, tantôt par l'intermédiaire d'une taxe sur le travail, tantôt et plus souvent par l'intermédiaire de la consommation. Alors, comme je l'ai déjà fait remarquer maintes fois, celui qui ne peut acquitter l'impôt en argent, le paye de sa santé ou de sa vie.

L'impôt personnel en nature consiste en travail personnel, en journées de travail, quelquefois en années de travail, au profit de la société.

Telles sont les corvées, et surtout le service militaire.

Tandis que l'impôt personnel indirect est payé indifféremment par celui qui est capable de travailler, et par celui qui en est incapable, — soit physiquement, soit parce que personne ne lui donne à travailler, — ce qui est souverainement injuste ; l'impôt personnel direct ne tombe que sur les hommes valides. Cet impôt est juste, quand il s'agit de défendre la société contre les dangers qui la menacent, et que chacun sait avoir un intérêt incontestable à sacrifier sa vie dans ce but.

Dans la société future, l'impôt sera donc constitué par le revenu de la propriété collective, ensuite par le payement de la protection accordée à la propriété individuelle.

La première partie de l'impôt n'a pas besoin de plus amples explications. Mais je dois entrer dans quelques développements à propos de la seconde.

L'impôt sur la propriété est d'abord frappé sur les capitaux acquis par les générations passées, puis sur ceux qui appartiennent aux générations vivantes ou présentes.

Commençons par l'impôt sur les richesses laissées par les morts.

J'ai fait voir, au chapitre de l'hérédité, que, dans la société future, il y aura liberté de tester, et que, en l'absence d'un testament, s'il y a une ligne directe, le mort sera présumé avoir voulu lui transmettre sa propriété.

Cette transmission aura donc lieu :

S'il y a des dispositions testamentaires, en faveur des personnes indiquées;

S'il n'y a pas de testament, et qu'il existe une ligne directe, au profit de celle-ci;

Enfin, s'il n'y a ni testament, ni ligne directe, en faveur de la société.

Ceci posé, l'impôt ne peut frapper, logiquement, que les successions testamentaires.

Les quelques considérations qui vont suivre, sur l'organisation de la famille relativement à l'hérédité, sur les résultats de l'hérédité collatérale, ainsi que sur le but de l'impôt, prouveront la vérité de ce que j'avance ici.

Aujourd'hui la famille s'étend, sous le rapport de l'hérédité, jusqu'au douzième degré inclusivement (1), et cela pour les raisons qui ont été déduites aux chapitres de la propriété et de l'hérédité, raisons qui se résument dans le besoin social de concentrer les richesses autant que possible. On a été jusqu'au douzième degré, parce qu'il fallait s'arrêter à un chiffre. On aurait pu, tout aussi bien, pousser jusqu'au centième. Une fois sorti de la ligne directe, on entre dans l'arbitraire.

Dans la société future, et pour des motifs absolument opposés, la famille sera réduite à ses

____

(1) Au moins dans les pays régis par le code Napoléon.

limites rationnelles qui sont la ligne directe. Si, en effet, dans le passé, il a fallu que le paupérisme des uns et la richesse des autres progressassent sur deux lignes parallèles, dans l'avenir il doit y avoir mouvement vers l'équilibration des fortunes. Dès lors, aucune nécessité sociale n'exige que, à défaut de ligne directe, la succession aille aux autres parents; loin de là même, comme on va le voir immédiatement; et il en résulte que la qualité d'héritier collatéral sera anéantie.

Dans l'hérédité en ligne directe, il n'y a pas, à proprement parler, transmission de richesse, la propriété individuelle étant commune à tous les membres de la famille, père, mère et enfants. Il n'y a donc pas véritablement de nouveau propriétaire, l'enfant qui hérite ne faisant que continuer à jouir de sa part. Et cette espèce d'hérédité n'a pas pour conséquence d'augmenter les inégalités de fortune.

Dans la succession testamentaire, il y a véritablement transmission de l'héritage. La propriété domestique passe, en effet, à un étranger, dont elle augmente la richesse individuelle.

Or, comme on le sait déjà, la société future est caractérisée, au matériel, par le fait que la propriété collective s'y trouve portée au plus haut point possible.

La succession testamentaire va donc immédiatement à l'encontre de cette organisation de la propriété.

Si maintenant on considère le rôle que doit

jouer l'impôt dans la société nouvelle, on en déduira la manière dont il se comportera à l'égard de chaque espèce de succession.

L'impôt, outre les différents buts qu'il aura à remplir, servira à protéger la propriété, à garantir sa transmission, et à diminuer les richesses domestiques au profit de la richesse collective.

L'hérédité en ligne directe ne sera donc pas imposée, tandis que toute succession testamentaire le sera. Et ce droit de succession constituera le payement de la protection sociale accordée à la transmission de la richesse, le prix soldé par le nouveau propriétaire pour son investiture.

La plupart des erreurs dans lesquelles sont tombés ceux qui ont traité des droits de succession proviennent de la fausse idée qu'ils se sont faite de la famille rationnelle; d'autres sont causées par leur ignorance de l'organisation sociale, et du rôle de l'impôt.

Un examen très-rapide des critiques de Proudhon à propos de l'impôt sur les successions le fera voir, et me donnera, en même temps, l'occasion de les combattre.

Proudhon commence par reconnaître que la mission de l'Etat est de protéger la transmission des biens aux héritiers et de leur en assurer la possession. Il est donc juste que l'Etat reçoive un tantième sur la richesse héritée, pourvu bien entendu qu'elle change réellement de maître.

Mais alors que signifie ce qui suit?

« Avec l'impôt sur les successions, dit-il, l'Etat
» sort de ses attributions fiscales; il se fait
» réformateur des mœurs, ce qui est bien au-
» trement grave que de s'immiscer dans l'in-
» dustrie; il s'introduit dans la famille; dans
» une certaine mesure il la nie. »

Dans la société future, l'impôt ne niera pas la
famille, puisqu'il ne frappera que les successions
testamentaires, c'est-à-dire les transmissions de
propriété en faveur d'étrangers à la famille.

« Considéré comme élément fiscal, dit en-
» core Proudhon, l'impôt sur les successions est
» d'une souveraine injustice; il viole ouverte-
» ment le principe d'égalité ou de proportion-
» nalité que nous avons reconnu comme la loi
» moderne de l'impôt. Qu'est-ce qu'une suc-
» cession au point de vue de l'Etat? Un fait tout
» personnel, le remplacement d'un exploitant
» par un autre, rien de plus, rien de moins. »

Là précisément est l'erreur de Proudhon et
de tous ceux qui raisonnent comme lui. Une
succession en ligne collatérale, ou en faveur
d'un étranger, est la substitution d'un propriétaire à un autre; tandis que, dans le cas de succession en ligne directe, la propriété reste dans
la même famille, diminuée seulement de son
chef. Il n'y a pas tant succession que continuité.

« Tout ce que nous avons à faire, continue
» Proudhon en raisonnant d'après ses fausses
» prémisses, c'est de taxer l'héritier en lieu et
» place du défunt, à dater du jour du décès, et
» de manière qu'il n'y ait pas de double em-

» ploi. L'impôt sur les successions n'est, en
» effet, pas autre chose qu'un double emploi,
» constituant une extorsion du fisc, un vrai
» larcin. »

L'impôt sur la succession en ligne directe
serait certainement un double emploi, puisque
cette succession payerait en même temps l'impôt
sur la richesse. Il n'en sera rien puisque l'hérédité en ligne directe ne supportera aucun
droit.

Mais ce n'est pas un double emploi quand il
s'agit d'une succession en faveur d'un étranger.
Il y a alors changement de propriétaire; et celui-
ci doit payer un droit d'investiture à la société,
droit proportionnel à la valeur de la chose
transmise, puisque la société lui garantit la libre
entrée en jouissance.

Proudhon examine ensuite l'impôt sur les
successions considéré comme un moyen d'égaliser les fortunes.

Il est bien évident que la fortune de chacun
se composant, dans la société future, de ce qu'il
possède individuellement, et outre cela, de sa
part dans la richesse collective, plus cette dernière est considérable, et plus les fortunes se
rapprochent de l'égalité. Il est encore évident
que, dans ces conditions, l'impôt est un moyen
de niveler les fortunes, puisqu'il fait passer une
partie de la richesse individuelle à la richesse
sociale.

Proudhon nie ce résultat de l'impôt, et avec

justice. Car, il faut le dire, il raisonne en se plaçant dans l'hypothèse de la société actuelle, et d'un impôt comme il n'a jamais été question d'en établir; ce qui, naturellement, enlève toute espèce de valeur à sa critique.

« Qui ne voit, dit-il encore, que l'inégalité
» des fortunes a sa cause, non dans l'hérédité,
» qui ne fait que transmettre la fortune, telle
» quelle, du père aux enfants; mais dans le jeu
» des forces économiques, dans l'initiative du
» propriétaire, dans l'activité et l'intelligence
» des uns, dans la maladresse ou l'inconduite
» des autres, enfin dans une multitude d'in-
» fluences sur lesquelles l'Etat, par lui-même,
» à plus forte raison le fisc, n'ont pas de prise,
» et dont on ne saurait rendre ni la famille, ni
» l'hérédité, ni la propriété responsables. »

L'inégalité des conditions a pour cause palpable les inégalités dans l'initiative et l'intelligence des uns et des autres; mais elle a aussi une cause sociale, qui est l'inégale répartition du sol, et la subordination des développements de l'intelligence à la richesse des parents. Cette dernière cause disparaîtra dans la société future.

Il est possible que l'hérédité ne soit pas la cause de l'inégalité des fortunes. Mais, ce qui est certain, c'est qu'elle l'aggrave, sous la souveraineté de la force, et qu'elle l'adoucit sous celle de la raison. Et comment cela? En favorisant, dans le premier cas, la propriété individuelle, dans le second, l'appropriation collective.

La famille, la propriété, l'hérédité, ne sont

pas en question dans l'inégalité des fortunes; c'est vrai, et Proudhon fait bien de le dire. Mais on peut en rendre responsable l'organisation de la famille, de la propriété, de l'hérédité.

L'organisation de l'hérédité, favorisant l'appropriation collective, par conséquent propice à la diminution de l'inégalité des conditions, consiste, sous le rapport qui nous occupe, dans l'établissement d'un droit sur les successions testamentaires.

Examinons maintenant l'impôt sur la richesse des générations existantes.

Le capital, comme on sait, est de deux espèces : il sert, en effet, tantôt à la jouissance, à la consommation, ou il est employé comme outil par le travailleur; tantôt il est transformé en de nouveaux produits. Il appartient au domaine domestique ou au domaine social.

Ces deux espèces doivent-elles être taxées, ou, sinon, sur laquelle doit tomber l'impôt?

Remontons aux principes.

La société de l'avenir, c'est la souveraineté de la raison; c'est la domination de l'humanité sur la matière, du travail sur le capital, de l'intelligence sur la propriété.

L'homme est essentiellement actif et passif : actif, quand il travaille; passif, quand il consomme.

Si donc la société future fait prédominer l'homme sur la matière, c'est en protégeant le travail et en favorisant la consommation.

En conséquence, le capital destiné à la jouissance ne sera jamais frappé par l'impôt. Car taxer la jouissance, c'est grever la consommation, c'est imposer l'humanité; c'est le propre, en un mot, des sociétés régies par la force. Et l'impôt ne sera pas davantage prélevé sur le capital-outil, servant au travail. Atteindre cette espèce de capital, en effet, c'est taxer le travail, c'est imposer l'humanité; c'est le propre, encore une fois, des sociétés soumises à la force.

Ces deux espèces de capitaux font partie, d'ailleurs, du foyer domestique, dans lequel la société ne doit pas s'ingérer, à peine de despotisme. Frapper ce qui appartient à ce foyer, c'est nuire au travail et à la consommation, c'est confondre le domaine domestique avec le domaine social; c'est le propre, enfin, des sociétés ignorantes.

Ce sera donc le capital servant à la production, c'est-à-dire destiné à être transformé, qui seul pourra être soumis à l'impôt. Mais il y a ici une nouvelle distinction à faire.

Dans la société future, les individus ne se classeront pas, comme actuellement, en riches et en pauvres, c'est vrai; mais il y aura des plus riches et des moins riches, des capitalistes et des non-capitalistes, les premiers se caractérisant par la possession d'un capital plus grand que la part de chacun dans le capital social ou collectif.

Tout capital moindre ou égal sera considéré comme devant servir à l'entretien et au développement de l'existence, comme salaire *actuel,* et, comme tel, ne sera pas soumis à l'impôt.

Tout ce qui dépasse cette quotité sera taxé, comme capital plus que suffisant à l'entretien et au développement de la vie, en un mot, comme salaire *passé.*

Pour percevoir l'impôt, l'État ne doit s'adresser, autant que possible, qu'à celui des deux éléments de production qui domine.

Dans les sociétés actuelles, par exemple, il n'est rien demandé, directement, au travail; l'Etat s'adresse, le plus généralement, aux capitalistes. Mais ceux-ci rejetant l'impôt sur le travail, — j'ai souvent montré comment, — c'est ce dernier qui, indirectement, le solde tout entier.

Dans la société de l'avenir, il ne sera rien réclamé, directement, aux capitalistes; l'Etat s'adressera à l'élément qui possède la puissance sociale, au travail, et lui demandera un tantième sur le capital qu'il met en œuvre. Mais le travail se déchargera de ce poids sur le capital, en diminuant d'autant l'intérêt qu'il lui paye.

L'impôt sera, en apparence, frappé sur la production; en réalité, il frappera exclusivement le produit, puisque le producteur ne pourra être atteint.

Voyons maintenant les dépenses dans la société nouvelle.

Quelques mots sur la gratuité sociale me permettront d'abréger beaucoup ce que j'ai à dire.

Quand il n'y a pas de richesse collective, ce que l'Etat procure aux individus n'est jamais gratuit, au moins en réalité. Car si l'Etat, qui n'a rien, ne fait pas payer directement ce qu'il paraît donner, ceux qui le reçoivent le payent indirectement au moyen d'une augmentation d'impôt. C'est immanquable, parce qu'il faut, en définitive, que la chose soit payée d'une façon ou d'une autre.

Lorsqu'il existe une richesse réellement collective, au contraire, la gratuité sociale n'est plus une apparence. Ce que l'Etat donne est véritablement donné, et non pas vendu. La richesse collective provient bien, en partie, de l'impôt; mais celui-ci a été prélevé sur le superflu, sur la richesse, sur le capital, et non sur le nécessaire, sur le salaire : il est donc bien formé aux dépens de la matière et non de l'humanité.

La gratuité sociale, qui a été jusqu'à présent une pure illusion, sera, dans l'avenir, une réalité.

L'éducation et l'instruction données gratuitement à toute la jeune génération ne coûteront même rien à la société. Car une génération mineure, organisée dans ce but, est capable de se suffire à elle-même.

La dot fournie à chacun à son entrée dans la société des majeurs, — dot prise sur l'excédant des recettes, — étant, ainsi que les prêts sociaux aux individus, prélevée à leur décès sur l'héritage, ne constituera pas davantage, en général, une dépense réelle pour l'Etat.

Le revenu social sera employé à donner aux incapables de travail, par maladie ou par vieillesse, ce qui est indispensable à leur bien-être. Et comme, à cette époque, le salaire sera toujours au *maximum* des circonstances, et que chacun pourra ainsi gagner facilement, outre son existence, de quoi s'assurer le repos vers la fin de sa vie; comme, d'autre part, chacun se saura obligé de le faire, pour n'être à charge à personne, ces dépenses se réduiront, pour ainsi dire, à celles qui se rapportent aux malades. Les malheureux secourus par la société accepteront ce qu'elle fera pour eux, non comme une aumône, mais comme la reconnaissance de leur droit de copropriétaires du globe.

Considérée de ce point de vue, la société future sera une assurance mutuelle de tous contre le malheur, et le budget des dépenses en sera l'expression pratique.

L'impôt fournira encore aux dépenses de l'administration sociale.

L'armée a pour but, actuellement, de garantir la société contre tous les dangers qui peuvent provenir des hommes. C'est une force organisée pour vaincre les obstacles intellectuels au bonheur social. Dans la société future, il n'existe plus d'obstacles intellectuels, toutes les intelligences étant unies par leur obéissance à la souveraineté logique. Il n'y aura donc pas d'armée, dans le sens actuel du mot. Mais il y en aura une dont la fonction sera de briser tous les obstacles matériels qui s'opposent au bien-être social.

Cette armée sera composée de tous ceux qui sortiront des établissements sociaux d'instruction. Ils y feront une sorte de stage avant d'entrer dans la société des majeurs. Ils travailleront pour la société, pour tous, avant de travailler pour eux-mêmes, et ils payeront ainsi la tutelle sociale qui les a protégés pendant leur minorité.

Cette espèce d'armée, rapportant plus qu'elle ne coûtera, ne constituera pas une dépense réelle.

De ce paragraphe, il résulte évidemment que le revenu social de l'avenir, prélevé exclusivement sur la richesse, sera dépensé au profit de tous.

CHAPITRE XIX.

L'INDIVIDU ET L'ÉTAT.

---

§ I. — *Qu'est-ce que l'État?*

L'État n'est pas une personne ou un être à proprement parler. C'est une personnification. Et ce qu'il personnifie varie avec les époques sociales.

L'Etat est la personnification : de l'ensemble des maîtres, quand l'esclavage domestique existe;

De l'ensemble des capitalistes, quand l'esclavage politique existe;

Enfin, de la collectivité entière, lorsque le travail est libre.

Le défaut de distinction des époques sociales

a induit en erreur la plupart de ceux qui ont parlé de l'Etat.

Lorsque Proudhon avançait, par exemple, que « l'Etat, quoi qu'on dise et quoi qu'on fasse, ne sera *jamais* la même chose que l'*universalité* des citoyens, » il ne croyait évidemment pas à la possibilité du règne de la raison; il admettait l'éternité de la souveraineté de la force, avec laquelle il y a nécessairement des esclaves, sous quelque appellation qu'on les désigne; lesquels esclaves ne font pas, naturellement, partie de l'Etat.

Mais lorsqu'il a dit que « l'État est la puissance de la *collectivité* des citoyens, » il paraît avoir changé complétement d'avis.

Ainsi donc, il y a deux espèces d'État, correspondant aux deux espèces fondamentales de souveraineté, celle de la force, et celle de la raison.

Au début de toute société, en vertu de l'ignorance primitive qui ne permet pas la connaissance de la raison incontestable, l'Etat est constitué seulement par l'ensemble des forts. Le surplus de la société reste soumis à l'Etat, tant que l'examen est compressible.

Mais quand le développement de l'examen est devenu assez grand pour permettre aux faibles de reconnaître qu'ils ne font pas, à vrai dire, partie de l'Etat, ils se comptent, et se trouvant de beaucoup les plus nombreux, ils s'unissent dans la pensée commune de renverser cette situation.

A cette époque, si la force est toujours maîtresse, ce ne sont plus toujours les mêmes qui jouissent de la force. D'où il suit que le personnel de l'Etat est variable, qu'il change à tout instant; c'est-à-dire qu'il n'y a plus d'Etat.

C'est alors que la collectivité des forts trouve un intérêt réel à remplacer l'Etat relatif à la force par l'Etat relatif à la raison.

§ II. — *Les droits et les devoirs de l'État.* — *Les priviléges.*

L'État, n'étant pas une personne à proprement parler, n'a pas de droits et de devoirs proprement dits. N'oublions donc pas que ces expressions, dans ce qui va suivre, sont prises au figuré.

Le devoir général de l'État est de se conserver. Ses devoirs particuliers sont de faire ce qu'il faut pour cela. Le droit de l'Etat est d'exiger tout ce qui est nécessaire à sa conservation.

Le devoir social reste toujours le même. Le droit social varie.

Sous la souveraineté de la force, la collectivité des forts a le devoir de se conserver comme telle, puisque l'existence en société est, alors, impossible sans la division de l'humanité en forts et en faibles.

A cette fin elle doit s'emparer de tout, autant que possible; et pour rester forte, en traversant

les siècles, elle doit tout monopoliser *héréditui-*
rement.

La collectivité des forts, ou l'État relatif à la
force, autorise donc l'aliénation du sol au profit
de ses membres, et en laissant la répartition
des connaissances aux soins des familles, elle
établit, également à son profit, le monopole
héréditaire des développements de l'intelligence.

Tout est monopolisé, de cette façon; car tout
provient du sol et de l'intelligence. Ainsi le sol,
les capitaux, le travail et les connaissances sont
exclusivement à la disposition des forts.

Il y a plus.

Par ce monopole universel, les forts ont
rendu l'examen, de la part des faibles, quasi-
impossible, ce qui est éminemment avantageux
pour la stabilité de l'État, et conforme aux nécessités sociales de l'époque. Il serait par trop
ridicule de vouloir que les forts permissent aux
faibles de s'apercevoir qu'ils ne comptent absolument pour rien.

Cela dure aussi longtemps que la force peut
être mise sous la sauvegarde d'une religion révélée. Mais lorsque cet abri a été détruit par
l'examen, et que la force purement brutale
règne, alors tout monopole devient de plus en
plus insupportable à ceux qui en sont les victimes, de plus en plus difficile à maintenir pour
ceux qui en profitent; difficulté qui finit par
aboutir à l'impossibilité.

C'est à ce moment que l'État relatif à la force
doit fatalement succomber, puisqu'il a perdu ses

conditions d'existence. Il n'a plus la puissance d'exiger ce qui lui est indispensable.

Dès lors il doit céder la place à l'État de la seconde espèce.

L'État est alors la représentation de la collectivité entière, et il a pour devoir de se conserver comme tel *héréditairement*. Il a donc le droit de faire et d'exiger tout ce qui est nécessaire pour arriver à ce but.

Cela consiste, comme pour l'État de la première espèce, à monopoliser le sol, mais dans une tout autre intention, à raison même de la constitution différente de l'État de l'avenir. L'un avait établi son monopole sur tout, en faveur de quelques-uns; l'autre le constitue sur le sol, au profit de tous.

L'État composé de tous monopolisera donc le sol, ainsi qu'une partie des capitaux acquis par les générations éteintes, pour mettre ces richesses matérielles à la disposition de tous, et être ainsi utile à tous. Et il monopolisera, non les connaissances, mais leur répartition, afin de faire pénétrer ces richesses intellectuelles partout.

Un des résultats des droits et des devoirs sociaux, sous la souveraineté de la force, c'est l'établissement des priviléges. Disons-en quelques mots.

L'expression privilége emporte toujours avec elle l'idée d'un avantage en faveur de la personne dite privilégiée.

On peut être avantagé, soit par son organisation personnelle, soit par suite de l'organisation sociale. Pas de troisième classe de privilége possible.

Tel individu, par exemple, a une meilleure santé, une force musculaire plus grande, une mémoire plus heureuse, une intelligence plus prompte à saisir, etc... D'où proviennent ces avantages? Exclusivement de l'organisation individuelle. L'organisation de la société n'a absolument rien à voir là dedans. Il y aura toujours, quelle que soit la forme sociale, inégalité plus ou moins marquée entre les hommes, sous les rapports que je viens d'indiquer.

Tel autre individu naît dans une famille riche; il a à sa disposition tous les moyens nécessaires pour accroître sa fortune et développer son intelligence; tandis que l'enfant d'une famille déshéritée est prédestiné à la misère et à l'ignorance. D'où procède cette inégalité dans les situations? De l'organisation individuelle? Nullement; mais bien de celle de la société.

Il y a donc deux sortes de priviléges, ayant chacune leur cause spéciale.

Ceux qui proviennent de l'organisation personnelle ne sont, à vrai dire, que des priviléges figurément dits. Nul n'a jamais pu songer sérieusement à s'en plaindre, et encore moins à les abolir. Mais il en est autrement de ceux qui dépendent de l'organisation sociale même; ce sont des priviléges à proprement parler, et il est parfaitement permis de se demander quand et comment il faut les établir, quand il faut, au contraire, les anéantir.

Les priviléges proprement dits dérivent, soit de l'organisation de la société domestique appelée famille, soit de l'organisation de la famille politique appelée société.

L'hérédité par ordre de primogéniture est un exemple de privilége de la première espèce, ainsi que le partage égal obligatoire entre tous les enfants, et le droit des collatéraux à une part d'héritage en l'absence de ligne directe et de dispositions testamentaires. Tout cela constitue, en effet, un avantage particulier en faveur de certains individus.

Le monopole du sol, source passive de toute richesse; le monopole des connaissances, source active de toute richesse : voilà encore des avantages au profit de certains individus. Mais, cette fois, ce sont des priviléges de la seconde espèce.

Et il y a cette différence entre les deux espèces, qu'en vertu de la seconde, il n'est pas indifférent de naître dans telle famille plutôt que dans telle autre, au sein de la société, tandis qu'en vertu de la première, il n'est pas égal de naître à tel degré de parenté plutôt qu'à tel autre, au sein d'une famille.

Ceci étant admis, je puis poursuivre.

Primitivement, la société subsistant seulement par la division de l'humanité en forts et en faibles, l'Etat doit établir des priviléges relatifs à la famille et à l'organisation sociale. C'est ainsi que le sol est approprié individuellement, que les connaissances sont exclusivement accessibles aux enfants des riches, que la primogéniture est de droit, que la famille est étendue au-delà de la ligne directe, et enfin que la liberté de tester est fortement restreinte.

C'est là la constitution féodale de la famille et de la société.

Tant qu'il est possible aux privilégiés, — qui sont à cette époque les nobles, — de dissimuler cette situation à ceux qui en pâtissent, ou de la leur faire accepter avec résignation, en leur donnant à entendre que telle est la volonté d'un Dieu tout-puissant, les sociétés peuvent se maintenir.

Mais il arrive un jour où les bourgeois, étant devenus les plus forts, renversent la noblesse. Ils changent alors la constitution sociale et celle de la famille, et tout en prétendant, par l'établissement des *immortels principes de 89*, abolir tous les priviléges, ils se bornent à les modifier en leur faveur. C'est ainsi que le sol et les connaissances restent le privilége des riches. La famille est toujours étendue plus loin que la ligne directe. Mais l'Etat abolit le droit de primogéniture, et ordonne le partage égal entre tous les enfants.

Cet ensemble forme la constitution bourgeoise de la famille et de la société.

Encore une fois, tant qu'il est possible aux privilégiés, — ce sont alors les bourgeois, — du cacher cette situation à ceux qui en souffrent, ou de la leur faire supporter avec résignation, la société se maintient. Mais cela est bien plus difficile à un Etat bourgeois qu'à un Etat féodal, en raison du plus grand développement de l'esprit d'examen. La croyance en Dieu, et en une compensation dans la vie future, n'a-t-elle pas disparu ? Aussi le moment ne tarde guère à arriver où la condition précaire de ceux au détriment desquels les priviléges existent, leur devient généralement connue. Dès lors la société a perdu toute force de cohésion.

Elle se décompose, véritablement, en deux parties : l'une, la plus petite, formée par l'ensemble des privilégiés ; l'autre, qui est l'immense majorité des malheureux, sachant parfaitement qu'ils sont misérables, et attribuant empiriquement leur situation à une organisation vicieuse de la famille et de la société.

Qu'advient-il de cette division de la société en deux camps ennemis ?

La force, que les privilégiés possédaient autrefois, passe peu à peu dans les mains des victimes de l'inégalité sociale, et l'Etat, ne pouvant plus se maintenir, est obligé de se transformer.

Puisque, en présence de l'incompressibilité de l'examen, la société est devenue désormais incapable de subsister en même temps que les priviléges, la transformation que j'annonce consiste dans leur anéantissement total, ce qui revient à la substitution de l'Etat, représentant de tous, à l'État, représentant des seuls privilégiés.

La destruction des priviléges sociaux est obtenue en faisant entrer le sol à la propriété collective, et en mettant à la charge de la société les soins à donner pour développer l'intelligence des jeunes générations.

L'abolition des priviléges de famille est la conséquence de la réduction de la famille à ses limites logiques quant à l'hérédité, ainsi que de la liberté de tester.

Examinons successivement l'efficacité de ces moyens.

Par l'entrée du sol à la propriété collective, ainsi que par la répartition sociale des connaissances, le paupérisme se trouve anéanti, sans possibilité de pouvoir jamais renaître. Chacun, alors, gagne en raison de son travail. Le bien-être n'est plus le privilége de quelques-uns; chacun peut y atteindre : il lui suffit de vouloir. Les connaissances ne sont pas davantage le privilége de la richesse ; elles deviennent accessibles à tous. Il est, dès lors, indifférent de naître dans telle famille plutôt que dans telle autre.

Par l'abolition de toute succession *ab intestat* sauf en ligne directe, on supprime le privilége accordé jusqu'aujourd'hui aux collatéraux, sans leur faire perdre la possibilité d'hériter, puisque la liberté de tester est établie en même temps.

L'hérédité en ligne directe, elle-même, n'est

plus un privilége, puisque le père peut tester
en faveur de tous autres que ses descendants.

L'abolition du partage obligatoirement égal
entre les enfants détruit tout privilége en faveur
de chacun d'eux, en laissant la détermination
des parts entièrement à la volonté des parents.

L'ensemble de ces nouvelles mesures forme la
constitution rationnelle de la famille et de la
société.

§ III. — *Rapports entre l'Individu et l'État.*

Les rapports entre l'État et les membres qui
composent la société sont, ou au moins peuvent
être de quatre espèces. L'État permet, défend,
fait concurrence aux individus, ou enfin leur
vient en aide.

Dans les sociétés religieuses, par révélation
surnaturelle bien entendu, l'État proscrit l'appropriation du sol par les individus n'appartenant pas à la classe noble. Il se réserve la
surveillance de la culture intellectuelle; en
d'autres termes, il monopolise indirectement
l'éducation morale. Il empêche, au moyen d'une
inquisition, la publication des résultats de l'examen, et s'oppose ainsi, d'une manière inédiate,
au travail sur les idées. Et quand il fait concurrence aux individus, c'est toujours pour augmenter l'exploitation des faibles.

Les rapports entre l'État et les individus, à

cette époque, se résument en une défense presque perpétuelle, s'appliquant à presque toute
chose, et presque en toute circonstance.

Dans les sociétés devenues irréligieuses par
les progrès de l'examen, l'Etat monopolise encore le sol, au profit des riches indistinctement,
et non plus au profit de la caste noble. Il monopolise encore le travail des générations actuelle et futures au moyen de l'impôt et des
emprunts. Il ne se réserve plus la surveillance
de l'éducation morale : il est obligé de subir la
liberté de l'enseignement. Et quand il fait concurrence aux individus, c'est encore toujours
pour aggraver l'exploitation de ceux qui sont
faibles.

En voici quelques exemples.

« N'y a-t-il pas quelque chose de honteux,
» demande Bastiat, dans le rôle que fait jouer
» le protectionniste à la société?

» Il lui dit :

» Il faut que tu me donnes du travail, et qui
» plus est, du travail lucratif. J'ai sottement
» choisi une industrie qui me laisse 10 % de
» perte. Si tu frappes une contribution de 20 fr.
» sur mes compatriotes, et si tu me la livres,
» ma perte se convertira en profit. Or le profit
» est un droit; tu me le dois.

» La société qui écoute ce sophisme, qui se
» charge d'impôts pour le satisfaire, qui ne
» s'aperçoit pas que la perte essuyée par une in-
» dustrie n'en est pas moins une perte parce

» qu'on force les autres à la combler; cette
» société, dis-je, mérite le fardeau qu'on lui
» inflige. »

La société ou mieux l'État qui écoute ce sophisme se compose des riches; pour les satisfaire
les pauvres sont accablés d'impôts. Il y a donc
bénéfice net pour l'Etat comme pour le particulier favorisé, tant qu'une pareille situation
peut durer.

Quand l'État, aujourd'hui, garantit à certaines associations de capitalistes un *minimum*
d'intérêt, il paye ce *minimum* aux riches, au
moyen de l'impôt frappé sur les pauvres. Il opère
ainsi dans l'intérêt de la minorité qui le constitue, au détriment de l'immense majorité.

Dans la société de l'avenir, société religieuse
par révélation rationnelle, l'Etat, qui sera la
personnification de tous, monopolisera certaines
choses, en permettra certaines autres aux individus, et leur fera concurrence pour d'autres
encore.

Voyons quels sont les points sur lesquels por-
teront le monopole social, la permission à tous,
et la concurrence sociale. Et, préalablement,
entendons-nous bien sur la signification de ces
différentes expressions dans la société de l'avenir.

Lorsque le monopole social n'a lieu qu'au
profit d'une fraction de la société, l'Etat n'est
que le représentant de cette fraction. Mais, dans
la société rationnelle, l'Etat est la personnification de tous, le représentant de tous sans

exception. Pourquoi ? Parce que, lorsque l'État monopolisera, ce sera au profit de tous. De même, lorsqu'il permettra à tous, ce sera encore au profit de tous, comme lorsqu'il fera concurrence à tous.

Aussi les expressions de monopole et de concurrence sont-elles impropres quand on les applique à la société. Le monopole au profit de tous n'est plus un véritable monopole : c'est le droit et le devoir social. La permission accordée à tous au profit de tous est le droit individuel. Et la concurrence sociale à chacun, au profit de tous, est l'harmonie entre le droit social et le devoir de chacun, entre le devoir social et le droit de chacun.

Ceci étant bien compris, je puis continuer.

Dans la société de l'avenir, l'État monopolisera le sol, et une grande partie des capitaux laissés par les générations passées.

L'État monopolisera encore l'éducation et l'instruction complètes, c'est-à-dire la répartition des connaissances aux générations mineures.

Et c'est au profit de tous que ce double monopole sera exercé par l'État. Car, sans cela, il y aurait des esclaves sous le rapport de l'intelligence ou de la propriété.

L'État permettra à tous le travail sur les idées comme sur la matière corporelle, mobilière ou foncière.

L'État, enfin, fera concurrence aux individus :

Pour prêter à ceux qui, par suite d'une chance

malheureuse, ont perdu leur capital, la richesse nécessaire pour jouir de la liberté sociale;

Pour faire circuler les personnes, les marchandises, la monnaie, et les idées;

Enfin, pour servir d'intermédiaire entre le producteur et le consommateur.

Ces trois espèces de concurrence seront exercées par l'Etat au profit de tous.

Sans la première, en effet, l'intérêt des capitaux ne serait pas au *minimum;* le salaire ne serait pas au *maximum,* la consommation, par conséquent la production et le bien-être de tous ne seraient pas au plus haut degré possible.

Sans la seconde, la circulation des hommes et des choses resterait dans la dépendance du capital; la partie du prix des choses relative au capital ne serait pas au *minimum,* celle qui se rapporte au salaire ne serait pas au *maximum;* la consommation, par conséquent la production et le bien-être de tous ne se trouveraient pas portés au plus haut point possible.

Sans la troisième espèce de concurrence sociale, enfin, les objets n'iraient pas de la production à la consommation aux moindres frais possibles; ce qui en diminuerait par conséquent la consommation, et, par ricochet, la production. Le bien-être de tous ne serait pas, encore une fois, au *maximum.*

Comme on le voit, les trois espèces de concurrence sociale aux individus auront pour but de diminuer les profits des capitaux autant que les circonstances le permettront, c'est-à-dire de donner toute la puissance imaginable à la domination du travail.

Enfin, c'est seulement dans la société future que l'Etat viendra au secours de ceux que le malheur aura atteint. Et cela se conçoit. L'Etat ne s'inquiète et ne doit s'inquiéter que de ceux qui le constituent. Pourquoi agirait-il autrement? Aussi l'aide sociale aux individus n'existe-t-elle ni dans le passé, ni dans le présent. Mais, dans l'avenir, l'Etat comprenant tous les membres de l'association prêtera aide, en cas de besoin, à tous.

Et cette aide sociale sera, non pas un acte de bienfaisance, une aumône, mais un droit pour les individus, un devoir pour l'Etat.

L'Etat fournira donc le bien-être à ceux qui ne peuvent se le procurer, soit parce qu'ils ne savent pas travailler, soit parce qu'ils en sont devenus incapables, par vieillesse ou par maladie. L'Etat emploiera, à cette fin, une partie du revenu social.

La société future sera donc une véritable société d'assurance mutuelle entre tous contre les chances de fortune.

Comparons, pour terminer, l'État bourgeois avec l'Etat rationnel.

L'idéal de l'Etat bourgeois ou démocratique, de l'Etat selon le cœur des économistes, est, je l'ai déjà dit, le *laisser faire, laisser passer*, ce qui, sous la souveraineté de la force, ne peut

que donner des armes aux forts pour écraser
plus complétement les faibles. Bastiat expose
parfaitement ce que l'Etat démocratique doit
faire et ne pas faire.

« L'Etat, dit-il, n'est pas manchot et ne peut
» l'être. Il a deux mains, l'une pour recevoir et
» l'autre pour donner, autrement dit la main
» rude et la main douce. L'activité de la se-
» conde est nécessairement subordonnée à celle
» de la première. A la rigueur, l'Etat peut
» prendre et ne pas rendre. Cela s'est vu et
» s'explique par la nature poreuse et absor-
» bante de ses mains qui retiennent toujours
» une partie et quelquefois la totalité de ce
» qu'elles touchent. Mais ce qui ne s'est jamais
» vu, ce qui ne se verra jamais, et ne peut
» même se concevoir, c'est que l'Etat rende au
» public plus qu'il ne lui a pris. C'est donc bien
» follement que nous prenons autour de lui
» l'humble attitude de mendiants. Il lui est
» radicalement impossible de conférer un
» avantage particulier à quelques-unes des
» individualités qui constituent la commu-
» nauté, sans infliger un dommage supérieur à
» la communauté entière. »

Bastiat prend ici son horizon pour les bornes
du monde. Il ne peut concevoir que l'Etat soit
capable de donner sans avoir pris; et, de son
impossibilité de comprendre la chose, il conclut
à l'impossibilité absolue de la faire. En cela, il
est dans une erreur profonde. On me dira que
J.-B. Say est du même avis; que, d'après lui,

« on ne saurait vanter sans niaiserie les bienfaits de l'administration, parce qu'elle ne peut en répandre, si ce n'est aux dépens des administrés. » Mais je réponds à cela que parole d'économiste n'est point parole d'Evangile. C'est ce que je vais faire voir.

Quand l'Etat n'a rien, il doit évidemment prendre avant de pouvoir donner, et c'est là le cas de l'Etat démocratique. Mais quand l'Etat est propriétaire, comme cela a lieu sous la souveraineté de la raison, ne peut-il donner sans avoir d'abord reçu?

Examinons ces deux circonstances si opposées.

Quand l'État ne représente qu'une partie de la communauté, tout ce qu'il fait est nécessairement en faveur de cette fraction, au détriment de la partie restante.

Lorsque l'Etat représente, au contraire, la totalité des individus associés, tout ce qu'il fait est alors, toujours nécessairement, en faveur de la communauté entière.

Dans le premier cas, l'État n'a nul besoin d'être propriétaire, puisqu'il trouve toujours à puiser dans les poches de ceux qu'il ne représente pas. D'ailleurs les forts ne possèdent-ils pas, soit comme propriété individuelle, les esclaves domestiques, soit comme propriété collective, les esclaves politiques ou les prolétaires?

Dans le second cas, l'Etat doit être propriétaire, afin de pouvoir rendre ses services sans nuire à l'un ou l'autre de ses membres.

A propos de ce que l'État doit faire et ne pas faire, Bastiat entre dans des détails, et expose les prétentions du socialisme en les blâmant. Je vais examiner quelques-unes de ses critiques.

« L'État, dit le socialisme par la bouche de
» Bastiat, doit beaucoup donner aux citoyens
» et peu leur prendre. C'est toujours la même
» tactique, ou, si l'on veut, la même erreur. »

Dans l'hypothèse de Bastiat, l'État n'étant pas propriétaire ne peut, certes, donner sans avoir reçu ou pris. Mais avec la collectivité du sol, l'État peut et doit beaucoup donner aux citoyens, sans rien leur prendre. Et quand je dis donner, je me sers d'une expression inexacte; c'est presque rendre qu'il faudrait dire, puisque la propriété de l'État sera la propriété de tous.

« L'État, continue Bastiat en exposant le pro-
» gramme socialiste, l'État doit gratuitement
» l'éducation et l'instruction à tous les ci-
» toyens. »

Gratuitement, c'est impossible quand l'État n'a rien; car si les citoyens ne payaient pas directement l'instruction donnée par l'État, ils la payeraient indirectement sous forme d'impôt. Mais c'est très-aisé quand l'État est propriétaire.

Lorsque l'État n'est composé que de la minorité des membres de la société, il ne doit, naturellement, l'éducation et l'instruction à personne, ou, au moins, pas à ceux qui sont exclus de l'État. Mais lorsque l'État sera composé de tous, il travaillera au plus grand bonheur de tous, et il sera en sorte que tous soient instruits au *maximum* possible.

« Il doit un enseignement général et profes-
» sionnel approprié, autant que possible, aux
» besoins, aux vocations, et aux capacités de
» chaque citoyen. »

Mêmes observations que ci-dessus.

« Il doit lui apprendre ses devoirs envers
» Dieu, envers les hommes et envers lui-même;
» développer ses sentiments, ses aptitudes et ses
» facultés, lui donner enfin la science de son
» travail, l'intelligence de ses intérêts et la con-
» naissance de ses droits. »

Le bourgeois Bastiat, qui blâme ces prétentions, préférait-il que l'Etat laissât ignorer à
chacun ses droits et ses devoirs?

« Il doit mettre à la portée de tous, les let-
» tres et les arts, le patrimoine de la pensée, les
» trésors de l'esprit, toutes les jouissances intel-
» lectuelles, qui élèvent et fortifient l'âme. »

Bastiat paraît trouver tout naturel que la
majorité des membres de la société soit laissée
dans l'abrutissement. Quand l'Etat n'est que
l'ensemble des riches, c'est juste : c'est le seul
moyen pour lui de vivre. Mais cela ne peut plus
durer longtemps. Quand l'Etat sera composé de
tous, il mettra la culture intellectuelle à la portée
de tous, en s'en chargeant, afin qu'elle ne soit
plus le monopole de la richesse.

« Il doit réparer tout sinistre, incendie, inon-
» dation, etc., éprouvé par un citoyen. »

Vaut-il mieux laisser dans la misère celui qui

y tombe par suite de circonstances malheureuses? L'Etat, quand il est composé des riches seulement, le fait et doit le faire. Mais, quand il sera formé par l'ensemble de tous les citoyens, il portera secours à toutes les infortunes, afin que nul ne puisse se dire malheureux par le fait de l'organisation sociale.

« Il doit intervenir dans les rapports du ca-
» pital et du travail, et se faire le régulateur du
» crédit. »

L'Etat intervient toujours dans ces rapports, sous le régime bourgeois comme en socialisme, avec la différence que je vais exposer.

Quand l'Etat ne se compose que des riches, il doit tout faire en leur faveur. Ainsi, il leur prête les capitaux dont ils peuvent avoir besoin, il leur garantit un *minimum* d'intérêt, etc., afin que le salaire soit toujours au plus bas, et le profit au plus haut des circonstances; en un mot, afin que les riches deviennent toujours de plus en plus riches, ou que le capital domine le mieux possible le travail.

Quand l'Etat sera l'ensemble de tous, il agira dans l'intérêt de tous. Ainsi il fera concurrence aux capitalistes pour prêter des capitaux aux travailleurs. Par ce moyen, le salaire sera toujours au *maximum* et le profit au *minimum* des circonstances, et la domination du travail sur le capital sera poussée au plus haut point.

L'Etat s'entremet donc toujours dans les rapports du capital avec le travail, à cette différence près, je le répète, qu'il fait ce qu'il peut

22

pour faciliter la domination du capital, quand il représente seulement les riches, et pour rendre plus aisée la domination du travail, quand il est le représentant de l'universalité des citoyens.

« Régulateur du crédit, il commanditera
» largement les associations industrielles et
» agricoles, afin d'en assurer le succès. »

L'État encourage toujours les associations, parce qu'il agit ainsi dans son propre intérêt. Il y a seulement ce point à noter, qu'il protège les associations de capitaux, quand il personnifie les capitalistes, et qu'il commanditera les associations de travailleurs, lorsqu'il sera la personnification de la communauté entière.

Après avoir exposé ce que, d'après lui, l'État ne doit pas faire, Bastiat examine, dans les termes suivants, la question de l'impôt tel que le voudraient les socialistes.

« C'est le superflu, disent-ils d'après lui, non
» le nécessaire, que l'impôt doit atteindre. »

Quand l'impôt frappe le nécessaire, comme lorsque l'État est démocratique, ceux qui ont seulement le nécessaire payent l'impôt aux dépens de leur santé. Alors il arrive ce que J.-B. Say a si bien observé, et ce que je rappellerai ici pour ceux des bourgeois qui pourraient l'ignorer ou l'avoir oublié.

» Il est affligeant de penser, a dit cet écono-
» miste, mais il est vrai de dire, que même
» chez les nations les plus prospères, une par-
» tie de la population périt tous les ans de
» besoin. »

Est-ce la perpétuité de cette situation sociale que voulait Bastiat, lorsqu'il repoussait l'impôt sur le superflu ?

Quand, au contraire, l'impôt frappe le superflu, la richesse, qui pourrait se plaindre d'être lésé ?

Maintenant, pour en revenir à la question dont il s'agit : quand l'Etat est composé exclusivement des riches, c'est-à-dire de ceux qui ont du superflu, il est fort rationnel qu'il frappe, au moyen de l'impôt, ceux qui n'ont que le nécessaire; sans cela il s'exploiterait lui-même, ce qui serait ridicule. Mais quand l'Etat sera la totalité des travailleurs, capitalistes ou non, il sera tout aussi rationnel, pour ne pas s'exploiter lui-même, qu'il fasse tomber l'impôt sur le superflu, sur la richesse.

« Nous voulons, disent-ils encore, l'abolition
» immédiate des impôts qui frappent les objets
» de première nécessité, comme le sel, les bois-
» sons, etc.;

» La réforme de l'impôt foncier, de l'octroi,
» des patentes;

» La justice gratuite... »

Les socialistes qui demandent l'abolition des impôts de consommation sont inspirés par le louable désir qu'une partie de la population ne périsse plus tous les ans de besoin. Qui oserait les en blâmer? L'économiste Bastiat préférait le maintien de cet impôt homicide, plutôt parce qu'il en ignorait les conséquences, que par inhumanité, j'aime à le croire.

La réforme de l'impôt foncier en faveur de tous est impossible, tant que l'Etat est relatif à la force, est le représentant des riches. Et quand le sol sera la propriété de tous, il n'y aura plus d'impôt foncier, puisque la rente tout entière appartiendra à l'Etat.

Les socialistes ont les mêmes motifs de demander la réforme ou mieux l'abolition des patentes et des octrois; mais ces deux espèces d'impôt ne peuvent disparaître que par la transformation de l'Etat relatif à la force, en Etat relatif à la raison.

Quant à la justice, ou elle n'est pas gratuite, et les pauvres doivent s'en passer, ou tous doivent pouvoir y avoir recours, et alors elle doit être gratuite. Il n'y a pas de milieu. Comme il est facile de le comprendre, la justice ne sera mise à la disposition de tous, que lorsque l'Etat représentera l'ensemble de la communauté.

§ IV. — *L'intérêt privé ou personnel, et l'intérêt public ou social.*

Quand les intérêts particuliers sont identiques à l'intérêt public, l'ordre existe. L'ordre est impossible, lorsqu'il y a opposition entre l'intérêt de chacun et celui de tous.

Examinons l'intérêt particulier de plus près.

On agit toujours, et exclusivement, dans la vue de retirer un avantage personnel de ses actes; en un mot, on agit toujours par *égoïsme.* Mais cet avantage, on peut l'attendre soit dans la vie actuelle, si l'on professe la maxime *post mortem nihil*, soit dans une vie future, si on est convaincu qu'il y en a une dans laquelle le bonheur et le malheur sont la conséquence nécessaire, fatale, de la conduite dans la vie présente.

Voilà donc deux espèces particulières d'intérêt bien distinctes : l'intérêt actuel, et l'intérêt ultra - vital, lesquels doivent avoir, sous le rapport social, des conséquences absolument opposées.

L'intérêt public, l'intérêt de tous, c'est l'existence en société, c'est le maintien ou la stabilité de l'ordre.

Dans l'hypothèse qu'il n'y ait pas de vie future, ou, plus exactement, lorsque la croyance en la vie future s'est évanouie généralement, l'intérêt ultra-vital, en disparaissant, laisse le champ complétement libre à l'égoïsme terrestre, qui fait rechercher uniquement l'avantage dans ce monde.

Alors, si l'intérêt de chacun est opposé à celui de tous, — ce qui arrive presque toujours, car rien ne divise les hommes comme les intérêts relatifs à cette vie, — il est logique que ce soit le premier qui l'emporte comme motif déterminant des actions, quand on est le plus fort. Car il n'existe aucune raison qui puisse rationnellement obliger celui qui veut agir, à céder devant l'intérêt général.

Si au contraire il y a une vie future, ou mieux, lorsqu'il y a assentiment de tous en une vie future, — que cet assentiment soit le résultat de la croyance ou de la science, — alors c'est l'intérêt ultra-vital qui l'emporte comme motif de détermination; c'est l'égoïsme ultra-vital qui fait agir, et non l'égoïsme terrestre.

Or, c'est précisément dans cet oubli ou cet abandon des intérêts relatifs à l'existence présente que consiste le dévouement ou le sacrifice.

En conséquence, lorsqu'il y a égoïsme ultra-vital, l'intérêt particulier se confond avec l'intérêt général; c'est par l'intermédiaire de cette espèce d'égoïsme que s'identifient l'intérêt de chacun et l'intérêt de tous.

Examinons les rapports entre les intérêts privés et l'intérêt public durant les trois périodes historiques de l'humanité.

Sous la souveraineté de la force, tant qu'elle se couvre du manteau de la religion, l'État est constitué seulement par l'ensemble des forts. Alors, comme il est aisé de le comprendre, l'intérêt de chacun et celui de l'État sont nécessairement identiques. Les faibles comptent seulement, dans ce cas, comme élément de la richesse des forts.

Du reste, en considérant même les faibles comme membres de l'association générale, il est encore juste de dire que l'intérêt particulier et l'intérêt public se confondent à cette époque. Car il y a foi religieuse, croyance en la récompense, après la vie actuelle, du sacrifice à ses frères dans celle-ci.

Sous la souveraineté de la force pure, quand l'anarchie n'existe encore que d'une manière théorique, ou dans les idées, l'Etat est toujours formé par l'ensemble des forts qui sont alors les bourgeois. Mais par suite de l'évanouissement graduel de la foi religieuse, disparaît tout motif de se sacrifier, de ne pas rechercher exclusivement son avantage personnel aux dépens des autres. Alors l'intérêt de chacun n'est plus le même que celui de tous; il lui est même opposé. Et la mise en pratique de cette règle ne tarde pas à amener la dissolution sociale, ou l'anarchie en pratique.

Sous la souveraineté de la raison, l'État est composé de tous, sans aucune exception, et, de nouveau, les intérêts de tous et ceux de chacun sont identiques. Cela se comprend aisément. Cette identité a, d'ailleurs, une autre cause : la démonstration inculquée par la société, à chacun, qu'il y a un intérêt véritable à se sacrifier au bonheur de ses semblables.

FIN.

ERRATA :

T. I, p. 22, 10e ligne. — *Au lieu de :* de sont côté, *lisez :* do son côté.

T. I, p. 223, 28e » . — » relativement à, *lisez :* relativement.

T. II, p. 10, 6e » . — » voulent, *lisez :* veulent.

T. II, p. 84, 2e » . — » direct, *lisez :* directe.

T. II, p. 181, 10e » . — » résoud, *lisez :* résout.

T. II, p. 207, 26e » . — » devient trop forte, *lisez :* deviennent trop fortes.

TABLE.

—

TOME PREMIER.

TOME SECOND.

FIN DE LA TABLE.

DU MÊME AUTEUR :